高等学校创新性数智化应用型经济管理规划教材（审计系列）

总主编 / 李雪　　主审 / 徐国君

审计学原理学习指导书（第三版）

李雪 ◎ 主编

图书在版编目(CIP)数据

审计学原理学习指导书/李雪主编. —3版. —上海：立信会计出版社，2023.5
ISBN 978-7-5429-7226-2

Ⅰ.①审… Ⅱ.①李… Ⅲ.①审计学-高等学校-教学参考资料 Ⅳ.①F239.0

中国国家版本馆 CIP 数据核字(2023)第 073182 号

策划编辑　方士华
责任编辑　方士华
助理编辑　王悠然
美术编辑　吴博闻

审计学原理学习指导书(第三版)
SHENJIXUE YUANLI XUEXI ZHIDAOSHU

出版发行	立信会计出版社			
地　　址	上海市中山西路 2230 号	邮政编码	200235	
电　　话	(021)64411389	传　　真	(021)64411325	
网　　址	www.lixinaph.com	电子邮箱	lixinaph2019@126.com	
网上书店	http://lixin.jd.com		http://lxkjcbs.tmall.com	
经　　销	各地新华书店			
印　　刷	上海万卷印刷股份有限公司			
开　　本	787 毫米×1092 毫米	1/16		
印　　张	9.25			
字　　数	203 千字			
版　　次	2023 年 5 月第 3 版			
印　　次	2023 年 5 月第 1 次			
书　　号	ISBN 978-7-5429-7226-2/F			
定　　价	33.00 元			

如有印订差错，请与本社联系调换

总　序

　　教材是高校实现人才培养目标的重要载体,教材及教材建设对高校发展具有举足轻重的作用。与培养模式相对应的教材是培养合格人才的基本保证,是实现培养目标的重要工具。由于历史的原因,在财经类教材的出版方面,相关出版社出版研究型本科或者高职高专、中等职业等层次的教材较多,应用型本科教材较少。虽然近年来一些应用型本科教材也陆续出版,但总体而言,这些教材还是缺乏权威性、普适性、实用性、创新性。造成这种状况的原因主要在于:出版社对财经类应用型本科教材的出版还不够重视,没有进行有效的组织;财经类应用型本科院校多为新建院校,教材建设相对滞后,主观上也较愿意使用研究型本科教材;在教材使用中存在比较严重的混用现象,教材目标读者群不明确,如不少教材既适用于研究型本科院校又适用于应用型本科院校,或者既适用于本科院校又适用于高职高专院校。

　　由于目前财经类应用型本科教材种类和数量匮乏或质量欠佳,财经类应用型本科院校不得不沿用传统研究型教材。这些教材本身的质量很好、级别很高,但是并不适用于应用型本科院校的教学,教师和学生普遍反映不好用。即使在全国范围看,也还没有相对成套、成熟的适合财经类应用型本科院校的教材。现有教材存在的主要问题包括:①教材的定位和要求过高;②教材的内容偏多、难度偏大;③教材着重于理论解释,相关案例、实训等内容较少,缺乏普适性、实用性。

　　与此同时,信息技术的快速发展使学生的学习习惯和阅读习惯发生了改变,不断朝个性化、自主学习的方向发展,传统的单一纸质教材已经无法适应这种变化。翻转课堂、慕课、微课等网络课程的兴起,混合式教学的不断推进,也对立体化教材建设提出了新的要求。教材作为一种课堂上的教学工具、一种传播媒介,理应顺势而为,随课堂形式、学生学习方式的改变而改变,朝着数字化、立体化、可视化的方向发展。因此,需要编写适应学生水平、便于学生接受的立体化财经类应用型本科教材。

　　我们组织具有多年应用型人才培养经验的优秀教师和实务界专家编写了这套教材。本系列教材有《会计基本技能》《出纳实务》《基础会计》《中级财务会计》《成本会计》《管理会计》《会计信息系统》《财务管理》《审计学》《高级财务会计》《商业分析》《税法》《经济法》《金融学》等品种。为了保证教材的质量,本系列教材聘请了知名高校的专家教授进行专门指导和审核。每本教材至少有一名本学科的知名专家或学科带头人提出审核指导意见,至少有一名高等院校教学一线的高级职称教师组织编写,至少有一名行业协会、实务界专家或教学研究机构人员提出编写建议。

本系列教材的特色如下。

1. 应用性

应用型本科的教材建设应坚持培养应用型本科人才的定位，充分吸收和借鉴传统的普通本科教材与高职高专类教材建设的优点和经验，以就业为导向，做到理论上高于高职高专类教材、动手能力的培养上高于传统的本科院校教材。本系列教材体现了应用型本科的定位，体现了素质教育和"以学生发展为本"的教育理念，遵循了高等教育教学基本规律，重视知识、能力和素质的协调发展，根据应用型人才培养模式对学生的创新精神、实践能力和适应能力的要求，在内容选材、教学方法、学习方法、实验和实训配套等方面突出了应用性特征。

2. 针对性

本系列教材的编写符合会计学、财务管理和审计学等专业的培养目标、培养需求、业务规格和教学大纲的基本要求，与各专业的课程结构和课程设置相对应，与课程平台和课程模块相对应。教材在结构纵横的布局、内容重点的选取、示例习题的设计等方面符合教改目标和教学大纲的要求，把教师的备课、试讲、授课、辅导答疑等教学环节有机地结合起来。

3. 立体化

本系列教材为立体化教材，实现了由传统纸质教材向"纸质教材＋数字资源"的转变，通过技术手段将晦涩难懂的理论知识转变为直观的具体知识，以立体化、数字化的方式呈现，包括图文、动画、音频、视频等多种形式，生动、有趣且易懂，不仅可以激发学生的学习兴趣，还有利于教学效果的提升。

4. 趣味性

本系列教材注重趣味性，使用了大量的例题和案例，每章都加入了"思政育人""相关思考""延伸阅读"等内容，使读者能够加深理解，便于掌握相关内容。在案例、例题等的设计选用上重点突出趣味性，易于引发读者的共鸣。

5. 先进性

本系列教材反映了应用型会计人才教育教学改革的内容，能够反映学科领域的新发展。教材的整体规划、每一种教材的内容构建等均体现了创新性。教材还强调了系列配套，包括了教材、学习参考书、教学课件等。立体化教材在内容修订上更具有明显优势，线上资源可以随时根据政策法规、理论知识或工作实务等的变化进行调整，更有利于保持教材内容的先进性。

6. 基础性

本系列教材将打破传统教材自身知识框架的封闭性，尝试多方面知识的融会贯通，注重知识层次的递进，体现每一门科目的基本内容，同时在具体内容上突出实际运用能力，做到"教师易教，学生乐学，技能实用"。

7. 易于自学

自学能力是大学生的一项基本能力。学生只有具备了自主学习的能力，才能最终建立起终身学习的保障体系，这也是应用型本科人才培养的客观要求。应用技术型高校的生源素质与普通高校相比存在一定的差距，除了一部分是高考发挥失误的学生，还有一部分学生在学习习惯、基础知识等方面存在一定的欠缺，这就要求教材能够调动这部分学生的学习积极性，在理论方面尽量通俗易懂，在实践方面尽量采用案例式教学。为了有利于学生课后自主学习，本系列教材配套了学习指导书和教学课件。

因此，本系列教材的定位准确，特色明显，适用于应用型本科院校教学，容易得到学生和市场的认可，便于学生的自学和教师的教学。

"十四五"高等学校创新性数智化应用型经济管理规划教材凝聚了众多领导、教授和专家多年来的经验和心血。当然，由于我们的经验和人力有限，教材中难免存在不足，我们期待着各位同行、专家和读者的批评指正。我们将伴随着经济发展和会计环境的变迁不断修订教材，以便及时反映学科的最新发展和人才培养的最新变化。

本系列教材自2014年出版后，得到市场的认可，深受广大高校师生的欢迎。为了更好地回馈读者，本系列教材从2017年起启动第二版的修订工作，2019年启动第三版的修订工作，2021年启动第四版的修订工作。各种教材的修订版将陆续出版。我们会一如既往地做好教材修订和相关服务工作，希望广大读者对本套系列教材继续给予支持。

李 雪

2023年4月

第三版前言

审计学原理是一门理论性与实践性较强的课程，它要求学生在理解审计学基本理论的基础上，熟练掌握审计的基本程序和方法。为了帮助学生达到这一学习要求，提高学生的学习效率和学习质量，同时帮助学生更好地学习审计的基本理论、方法和程序，深入地理解和掌握审计学原理课程的重点与难点内容，我们根据高等学校创新性数智化应用型经济管理规划教材（审计系列）《审计学原理》（李雪主编），并结合最新发布的会计准则、审计准则和内部控制规范，组织编写了这本《审计学原理学习指导书》，作为《审计学原理》一书的配套教材。

为了加强学生对审计学原理的理解，使学生更快地掌握审计学的基本理论、方法和程序，满足培养应用技术型会计专业人才的教学需要，本书在《审计学原理》习题的基础上，不仅增加了习题的数量和题型，还相应地增加了习题的深度和难度，以使学生能够从不同的角度，全面、及时地掌握所学内容。

本书完全按照《审计学原理》教材的章节顺序进行编排。本书共分为三大部分：第一部分包括每章"重点、难点讲解及典型例题""思考与练习"；第二部分包括"思考与练习参考答案"；第三部分包括"综合案例分析题、模拟试题及参考答案"。

本书由李雪担任主编。各章的编写分工为：第一章至第四章由李雪、吴镇启编写，第五章至第八章由李雪、王安娜编写，第九章至第十二章由李雪、泥丽丽编写，第十三章至第十五章由李雪、阮宁编写。综合案例分析题、模拟试题及参考答案由李雪、吴镇启、泥丽丽、阮宁、王安娜编写。

本书的第三版由李雪、高金清、冉欣怡、宋丹雯、董明珠、张文芳负责修订。

本书在编写过程中参考了大量相关教材和论著，在此向有关作者致以深深的谢意！

由于审计学的内容经常变动，有一些问题仍需要作深入的探讨；加上时间有限，作者的水平有待进一步提高，本书可能存在缺点和错误，也可能存在一些有争议的问题。我们希望听到读者对本书的意见和建议，欢迎对本书的不足之处批评指正，以便日后修订。

编　者
2023 年 4 月

目 录

第一部分 学习指导及思考与练习

第一章 绪论 ·· 1
重点、难点讲解及典型例题 ·· 1
思考与练习 ·· 3

第二章 注册会计师执业准则 ·· 6
重点、难点讲解及典型例题 ·· 6
思考与练习 ·· 7

第三章 职业道德守则 ·· 11
重点、难点讲解及典型例题 ·· 11
思考与练习 ·· 13

第四章 审计目标与审计流程 ·· 16
重点、难点讲解及典型例题 ·· 16
思考与练习 ·· 18

第五章 审计计划 ·· 22
重点、难点讲解及典型例题 ·· 22
思考与练习 ·· 23

第六章 审计证据和审计工作底稿 ······································ 28
重点、难点讲解及典型例题 ·· 28
思考与练习 ·· 30

第七章 审计重要性与审计风险 ·· 34
重点、讲解及典型例题 ·· 34
思考与练习 ·· 36

第八章 风险评估 ·· 39
重点、讲解及典型例题 ·· 39
思考与练习 ·· 41

第九章 风险应对 ·· 44
重点、讲解及典型例题 ·· 44
思考与练习 ·· 47

第十章 审计抽样 ·· 50
重点、难点讲解及典型例题 ··· 50
思考与练习 ··· 53

第十一章 完成审计工作 ··· 57
重点、难点讲解及典型例题 ··· 57
思考与练习 ··· 59

第十二章 审计报告 ·· 63
重点、难点讲解及典型例题 ··· 63
思考与练习 ··· 65

第二部分 思考与练习参考答案

第一章 绪论 ·· 68
第二章 注册会计师执业准则 ·· 68
第三章 职业道德守则 ··· 68
第四章 审计目标与审计流程 ·· 69
第五章 审计计划 ·· 69
第六章 审计证据和审计工作底稿 ·· 70
第七章 审计重要性与审计风险 ··· 70
第八章 风险评估 ·· 70
第九章 风险应对 ·· 71
第十章 审计抽样 ·· 71
第十一章 完成审计工作 ·· 72
第十二章 审计报告 ··· 72

第三部分 综合案例分析题、模拟试题及参考答案

综合案例分析题 ·· 74
综合案例分析题参考答案 ··· 89
模拟试题（一） ·· 102
模拟试题（一）参考答案 ·· 114
模拟试题（二） ·· 118
模拟试题（二）参考答案 ·· 131

第一部分　学习指导及思考与练习

第一章　绪　论

 重点、难点讲解及典型例题

一、审计的产生及发展

审计活动具有悠久的历史，在古埃及、古罗马、古希腊和古代中国都有审计活动存在。随着社会生产力和社会经济的发展，政府审计、内部审计和注册会计师审计都得到了很大的发展。审计是因授权管理经济活动的需要而产生的，受托经济责任关系的确立才是审计产生的基础。审计随着受托经济责任关系内含的丰富和范围的扩大不断得到发展。

在不同的国家，审计体制有很大不同。英国、美国、加拿大等国家的审计体制属于立法型审计体制，审计机关代表议会进行审计监督。法国的审计体制属于司法型审计体制，审计法院是独立于立法系统（议会）与行政部门（内阁政府）的一个司法机构。日本的审计体制是另外一种类型，它的最高审计机关是会计检查院，既不属立法系统，也不属行政系统，而是直接对日本天皇负责，具有很强的独立性和权威性。我国则在国务院设立了审计署，县以上的各级人民政府也相继成立了审计局。审计机关独立行使审计监督权，不受其他行政机关、社会团体和个人的干涉。

1. 西方审计的产生及发展

1941年，维克多·布瑞克出版了《内部审计学》，这是第一部有关内部审计的专著，宣告了内部审计学的诞生。同年，"内部审计师协会"在纽约成立，即今天的国际内部审计师协会。该协会制定了《内部审计师职责条例》《内部审计实务标准》，对内部注册会计师的职责、范围和执业标准做出了规定。现代内部审计成型的主要标志有两个：一是审计出于经济预测和事前控制的需要，实行事前审计制度；二是审计领域的拓宽，由财务审计扩展到经营审计、管理和效益性方面的审计。

美国会计学会（AAA）1973年对审计的定义如下：审计是一个客观地获取和评价与经济活动和经济事项的认定有关的证据，以确认这些认定与既定标准之间的符合程度，并把审计结果传达给利害关系人的系统过程。

【例题 1-1·单项选择题】 注册会计师审计产生的直接原因是（　　）。
A. 合伙企业制度的产生　　　　　　B. 股份制企业制度的形成
C. 资本市场的发展　　　　　　　　D. 所有权和经营权的分离
【答案】 D

2. 我国审计的产生及发展

中国审计学会对审计的定义如下：审计是由专职机构和人员，依法对被审计单位的财政、财务收支及其有关经济活动的真实性、合法性、效益性进行审查，评价其经济责任，用以维护财经法纪，改善经营管理，提高经济效益，促进宏观调控的独立性的经济监督活动。

【例题 1-2·单项选择题】 从历史上看，民间审计起源于（　　）。
A. 美国　　　　B. 中国　　　　C. 法国　　　　D. 英国
【答案】 B

二、审计职能及分类

1. 审计职能

审计职能包括经济监督、经济评价和经济鉴证。

2. 审计分类

（1）按审计主体分类：政府审计、民间审计和内部审计。三者具体区别如表 1-1 所示。

表 1-1　政府审计、民间审计和内部审计的区别

项目	政府审计	民间审计	内部审计
审计主体	政府审计机关	会计师事务所	内部审计
审计目标	财政收支情况	财务报表合法性、公允性	内部控制运行情况
审计独立性	单向独立	双向独立	单向独立
审计方式	强制审计	受托审计	自行安排
审计报告对象	政府机关	社会公众	单位负责人
审计准则	国家审计准则	注册会计师审计准则	内部审计准则

【例题 1-3·单项选择题】 下列各项中，不属于内部审计与注册会计师审计的主要区别的是（　　）。
A. 审计人员不同　　　　　　　　　B. 审计职责不同
C. 审计作用不同　　　　　　　　　D. 审计程序的要求不同
【答案】 A

（2）按其他标准分类。

① 按审计内容和目的分类：财务报表审计、经营审计和合规性审计。

② 按审计范围分类：全面审计、局部审计和专项审计。
③ 按审计时间分类：事前审计、事中审计和事后审计。
④ 按审计执行的地点分类：报送审计和实地审计。
⑤ 按审计动机分类：强制审计和任意审计。
⑥ 按是否通知被审计单位分类：预告审计和突击审计。
⑦ 按审计方法分类：账项基础审计、制度基础审计和风险导向审计。

思考与练习

一、单项选择题

1. 根据美国会计学会（AAA）1973年对审计的定义，下列对审计概念的理解中，不恰当的是（　　）。
   A. 审计是一个系统化过程
   B. 在财务报表审计中，"既定标准"具体体现为企业会计准则和相关会计制度
   C. 审计应当保证被审计单位财务报表与"既定标准"相同
   D. 审计的价值需要通过把审计结果传递给各相关利害关系人来实现

2. 回顾注册会计师审计产生与发展的历程，代表注册会计师审计具有法律地位的标志是（　　）。
   A. 英国股份公司的兴起使所有权和经营权分离
   B. 意大利合伙企业制度的产生
   C. 国有资产审计的产生
   D. 1862年英国《公司法》确定了注册会计师为法定的破产清算人

3. 审计产生于（　　）的需要。
   A. 查错防弊　　　　　　　　B. 提供审计信息
   C. 公证　　　　　　　　　　D. 经济监督

4. 从审计的性质和地位上看，审计较之于其他经济监督的主要区别在于（　　）。
   A. 独立性　　B. 广泛性　　C. 公平性　　D. 权利性

5. 审计的基本职能是（　　）。
   A. 经济认定　　B. 经济监督　　C. 经济鉴证　　D. 经济评价

6. 从历史上看，民间审计起源于16世纪的（　　）。
   A. 美国　　B. 中国　　C. 英国　　D. 意大利

7. 下列各项中，最能导致注册会计师审计方法发展变化的是（　　）。
   A. 审计目标　　B. 审计环境　　C. 审计责任　　D. 审计对象

8. 目前中国注册会计师的财务报表审计方法是（　　）。
   A. 账项基础审计方法　　　　　B. 制度基础审计方法
   C. 财务基础审计方法　　　　　D. 风险导向审计方法

9. 在注册会计师审计发展过程中，将"差错防弊"作为次要审计目标的阶段是（　　）。

　A. 1844 年至 20 世纪初的英式详细审计

　B. 20 世纪初开始的美式资产负债表审计

　C. 1933 年美国《证券法》实施后

　D. 2002 年美国《萨班斯法案》实施后

10. 在注册会计师审计发展过程中，标志着注册会计师职业诞生的是（　　）。

　A. 1844 年英国《公司法》规定了股份公司必须设监察人

　B. 1845 年英国《公司法》修订后规定了股份公司的账目必须经董事以外的人员审计

　C. 1853 年苏格兰爱丁堡创立了爱丁堡会计师协会

　D. 1862 年英国《公司法》规定了注册会计师为法定的破产清算人

二、多项选择题

1. 下列各项有关注册会计师审计的说法中，正确的有（　　）。

　A. 注册会计师产生的直接原因是财产所有权和经营权的分离

　B. 注册会计师审计要适应商品经济的发展

　C. 注册会计师审计具有独立、客观、公正的特性

　D. 注册会计师审计随企业管理的发展而发展

2. 审计目的的确定，主要受审计对象的制约，同时也与（　　）密切相关。

　A. 审计的本质属性　　　　　　B. 委托人的具体要求

　C. 审计职能　　　　　　　　　D. 审计报告的格式与内容

3. 以下对审计分类的理解的表述中，恰当的有（　　）。

　A. 如果按照审计目的划分，审计可分为财务报表审计、经营审计和合规性审计

　B. 如果按照审计目的划分，审计可分为合理保证和有限保证业务

　C. 如果按照审计内容划分，审计可分为财务报表审计、经营审计和合规性审计

　D. 如果按照执行审计主体和被审计单位的关系划分，审计可分为内部审计和外部审计

4. 以下关于注册会计师审计方法发展阶段的理解中，恰当的有（　　）。

　A. 以会计凭证和账簿的详细检查为特征的账项基础审计

　B. 以被审计单位是否遵守了特定的程序规划或条例为特征的合规性审计

　C. 以内部控制为基础的审计为特征的基础审计

　D. 以财务报表重大错报风险的识别、评估、应对为审计工作主线的现代风险导向审计

5. 根据注册会计师审计的起源与发展，以下陈述中，恰当的有（　　）。

　A. 16 世纪意大利合伙经营方式的出现，导致企业所有权与经营权的初步分离

B. 18世纪初英国股份公司的发展，导致了企业所有权和经营权的进一步分离，注册会计师审计形成
C. 20世纪初美国金融资本对产业资本渗透，银行对债权人信用证明的需要促进了注册会计师审计的发展
D. 1929—1933年世界性经济危机爆发，投资者开始更加关注企业的盈利能力

第二章 注册会计师执业准则

重点、难点讲解及典型例题

一、鉴证业务基本准则

审计准则是执行审计工作时应该遵循的规范。它既是审计理论的重要组成部分,又是直接用来指导审计实践的作业规范。

1. 鉴证业务概述

鉴证业务是指注册会计师对鉴证对象信息提出结论,以增强除责任方之外的预期使用者对鉴证对象信息信任程度的业务。鉴证对象信息是按照标准对鉴证对象进行评价和计量的结果。鉴证业务分为基于责任方认定的业务和直接报告业务。鉴证业务的保证程度分为合理保证和有限保证。合理保证的保证水平要高于有限保证的保证水平。

【例题2-1·单项选择题】 下列有关各类业务保证水平的说法中,正确的是( )。

A. 鉴证业务提供高水平保证
B. 审计和审阅以外的其他鉴证业务提供的是有限保证
C. 代编财务信息不提供任何保证程度
D. 相关服务提供有限保证

【答案】 C

【例题2-2·多项选择题】 下列各项中,不属于鉴证业务的有( )。

A. 预测性财务信息的审核   B. 财务报表审阅
C. 对财务信息执行商定程序   D. 税务咨询

【答案】 CD

2. 鉴证业务要素

鉴证业务要素是指鉴证业务的三方关系、鉴证对象、标准、证据和鉴证报告。鉴证业务涉及的三方关系人包括注册会计师、责任方和预期使用者。标准是指用于评价或计量鉴证对象的基准,当涉及列报时,还包括列报的基准。

【例题2-3·单项选择题】 下列关于审计业务要素的说法中,错误的是( )。

A. 审计业务要素包括注册会计师、财务报表、财务报告编制基础、审计证据和审计报告
B. 财务报告编制基础分为通用目的编制基础和特殊目的编制基础

C. 如果不存在审计业务的三方关系人，则该业务不属于审计业务

D. 财务报告编制基础即是标准

【答案】 A

【例题 2-4·多项选择题】 下列有关财务报表审计业务三方关系人的说法中，错误的有（　　）。

A. 审计业务的三方关系人分别为注册会计师、被审计单位管理层和财务报表预期使用者

B. 注册会计师应当识别出所有的预期使用者

C. 委托人通常是财务报表预期使用者之一，也可能由责任方担任

D. 责任方可能是唯一的预期使用者

【答案】 BD

【解析】 注册会计师没有责任识别出所有的预期使用者。

二、质量控制准则

质量控制制度包括针对下列要素而制定的政策和程序：对业务质量承担的领导责任、相关职业道德要求、客户关系和具体业务的接受与保持、人力资源、业务执行、监控。

会计师事务所接受或保持客户关系和具体业务主要有以下几种情况：

（1）已考虑客户的诚信，没有信息表明客户缺乏诚信。

（2）具有执行业务必要的素质、专业胜任能力、时间和资源。

（3）能够遵守职业道德规范。

对监控结果的处理应注意以下问题：

（1）确定所发现缺陷的影响与性质。

（2）适时将缺陷及补救措施告知相关人员。

（3）提出补救措施。

（4）监控结果表明出具的报告不适当时，会计师事务所应当确定采取适当的进一步行动，以遵守执业准则和适当的法律法规的规定。

（5）定期告知监控结果，会计师事务所应当每年至少一次将质量控制制度的监控结果，传达给项目合伙人及会计师事务所内部的其他适当人员。

【例题 2-5·多项选择题】 下列各项中，属于审计基本要求的有（　　）。

A. 遵守审计准则　　　　　　　　B. 遵守职业道德守则

C. 保持职业怀疑　　　　　　　　D. 合理运用职业判断

【答案】 ABCD

思考与练习

一、单项选择题

1. 下列关于鉴证业务要素的说法中，正确的是（　　）。

A. 鉴证对象信息是鉴证业务的要素
B. 鉴证对象是指鉴证对象信息所反映的内容
C. 鉴证报告是被审计单位按照标准对鉴证对象进行评价和计量的结果
D. 三方关系人中的三方分别是注册会计师、责任方和股东

2. 注册会计师执行的下列业务中，属于基于责任方认定的业务是（   ）。
A. 对某公司年度财务报表的审阅业务
B. 对某公司的IT系统进行鉴证
C. 对某公司的验资业务
D. 对某公司的财务系统进行鉴证

3. 鉴证标准不适当时，注册会计师的下列做法中，不正确的是（   ）。
A. 如果拟承接的业务鉴证标准不适当，一般应拒绝承接该业务
B. 委托人能够确认鉴证对象的某个方面适用于所采用的标准，可以针对该方面执行鉴证业务，但在鉴证报告中应当说明该报告中的内容并非针对鉴证
C. 能够选择或设计适用于鉴证对象的其他标准的，可以考虑将其作为一项新的鉴证
D. 继续按照原来的标准承接该业务，并在鉴证报告中说明鉴证标准对鉴证对象不适当

4. 下列关于三方关系人的说法中，不正确的是（   ）。
A. 在直接报告业务中，责任方是对鉴证对象信息负责的组织或人员
B. 在基于责任方认定的业务中，责任方对鉴证对象信息负责
C. 责任方可能是鉴证业务的委托人，也可能不是委托人
D. 责任方可能是预期使用者，但不是唯一的预期使用者

5. 下列关于鉴证标准的说法中，正确的是（   ）。
A. 对同一鉴证对象进行评价或计量一定要选择同一个标准
B. 鉴证标准只能是正式的规定
C. 对于公开发布的标准，注册会计师也需要对标准的"适当性"进行评价
D. 预期使用者获取标准的方式包括公开发布、在陈述鉴证对象信息时以明确的方式表述、在鉴证报告中以明确的方式表述和常识理解

6. 下列关于审计业务要素的说法中，错误的是（   ）。
A. 审计业务要素包括注册会计师、财务报表、财务报告编制基础、审计证据和审计报告
B. 财务报告编制基础分为通用目的编制基础和特殊目的编制基础
C. 如果不存在审计业务的三方关系人，则该业务不属于审计业务
D. 财务报告编制基础即是标准

7. 下列关于鉴证业务风险的说法中，正确的是（   ）。
A. 鉴证业务风险在各种鉴证业务中都是存在的，并且是相等的

B. 财务报表审计业务的风险高于财务报表审阅业务

C. 鉴证业务风险是指在鉴证对象信息存在重大错报的情况下，注册会计师提出不恰当结论的可能性

D. 财务报表审计业务的保证程度低于财务报表审阅业务的保证程度

8. 下列有关会计师事务所业务质量管理准则说法中，正确的是（　　）。

A. 会计师事务所应当培育以业绩为导向的内部文化

B. 会计师事务所的项目合伙人对质量管理体系承担最终责任

C. 会计师事务所应当制定政策和程序，以合理保证会计师事务所及其人员，不包含雇佣的专家和其他人员，保持职业道德规范要求的独立性

D. 会计师事务所应当每年至少一次向所有受独立性要求约束的人员获取其遵守独立性政策和程序的书面确认函

9. 会计师事务所承接业务后发现审计项目组出现（　　）情形时，应当终止该项审计。

A. 管理层严重不诚信

B. 审计项目组不能在审计业务约定条款要求的时间内完成业务，必须推迟出具审计报告

C. 审计项目组关键成员出现个人贷款无力偿还而遭受诉讼纠纷的情况

D. 审计项目组对于确定存货资产的存在认定缺乏胜任能力，必须利用专家的工作

10. 会计师事务所指导、监督与复核的总体要求是（　　）。

A. 使审计项目组了解审计工作目标

B. 通过质量管理政策和程序，保持业务执行质量的一致性

C. 审计项目合伙人检查各成员是否能够顺利完成审计工作

D. 考虑审计项目组是否有足够的时间执行审计工作

二、多项选择题

1. 下列关于基于责任方认定的业务和直接报告业务的说法中，正确的有（　　）。

A. 预期使用者获取鉴证对象信息的方式都是通过阅读鉴证报告

B. 注册会计师提出结论的对象都是鉴证对象

C. 在基于责任方认定的业务中，责任方既要对鉴证对象信息负责，也可能对鉴证对象负责；在直接报告业务中，责任方只需对鉴证对象负责

D. 在基于责任方认定的业务中，以书面形式对财务报表出具审计报告，在引言段通常会明确提及责任方认定；在直接报告业务中，以书面形式提供鉴证报告，直接提及鉴证对象和标准，无需提及责任方认定

2. 下列关于鉴证对象的说法中，正确的有（　　）。

A. 鉴证对象具有不同的特征，可能表现为定性或定量、客观或主观、历史或预测、时点或期间

B. 如果鉴证对象的特征表现为定量、客观、历史的或时点的，则评价和计量是准确的

C. 当鉴证对象为企业注册资本的实收情况时，它的特征是时点的

D. 当鉴证对象为企业内部控制过程时，它的特征是时点的

3. W 会计师事务所的注册会计师甲在对上市公司 A 的财务报表进行审阅时，发现作为审阅对象的财务信息不适当。注册会计师甲的下列做法中，正确的有（   ）。

A. 只能考虑解除业务约定

B. 不适当的鉴证对象可能会误导预期使用者，应当视其重大与广泛程度，出具保留意见或否定意见的报告

C. 如果不适当的鉴证对象可能造成工作范围受到限制，应当视工作范围受到限制的重大与广泛程度，出具保留意见或无法提出意见的报告

D. 在适当的情况下，注册会计师可以考虑解除业务约定

4. 会计师事务所的业务工作底稿要保密，但在（   ）的情况下除外。

A. 取得客户的授权

B. 根据法律法规的规定，会计师事务所为法律诉讼准备文件或提供依据，以及向监管机构报告发现的违反法规行为

C. 接受注册会计师协会和监管机构依法进行的质量检查

D. 为了增加新客户，向其公开同行业竞争对手类似业务的工作底稿

5. 下列关于业务工作底稿的说法中，正确的有（   ）。

A. 业务工作底稿的所有权属于会计师事务所，会计师事务所可自主决定是否允许客户获取业务工作底稿或摘录部分工作底稿，但披露这些信息不得损害会计师事务所执行业务的有效性

B. 对鉴证业务，披露工作底稿不得损害会计师事务所及其人员的独立性

C. 业务工作底稿的所有权属于被审计单位

D. 如果针对客户的同一财务信息执行不同的委托业务，出具两个或多个不同的报告，会计师事务所应当将其视为不同的业务，在规定的归档期限内分别将业务工作底稿归整为最终业务档案

第三章 职业道德守则

 重点、难点讲解及典型例题

一、职业道德基本原则

职业道德基本原则包括六个方面,如图3-1所示。

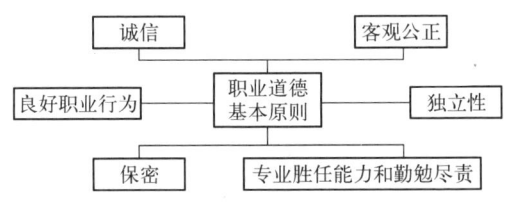

图 3-1 职业道德基本原则

【例题3-1·多项选择题】 下列各项中,属于注册会计师应当遵守的职业道德基本原则的有( )。

A. 保密
B. 客观公正
C. 专业胜任能力和勤勉尽责
D. 诚信

【答案】 ABCD

【解析】 职业道德基本原则包括诚信、客观公正、独立性、专业胜任能力和勤勉尽责、保密、良好职业行为。

二、职业道德概念框架

职业道德概念框架,如图3-2所示。

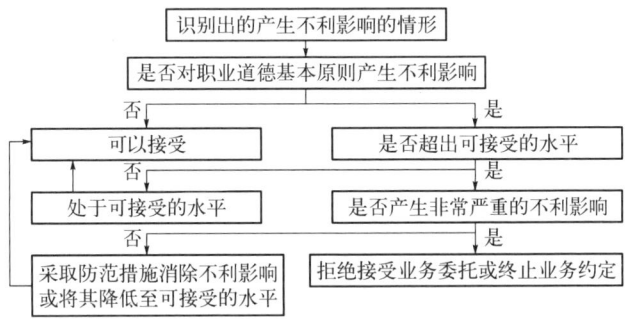

图 3-2 职业道德概念框架

【看图说话】 职业道德概念框架是指解决职业道德问题的思路和方法，用以指导注册会计师：

(1) 识别对职业道德基本原则的不利影响。

(2) 评价不利影响的严重程度。

(3) 必要时采取防范措施消除不利影响或将其降低至可接受的水平。

【例题 3-2·多项选择题】 下列职业道德基本原则中，注册会计师在所有的职业活动中都应当遵守的有（　　）。

A. 专业胜任能力和勤勉尽责　　　B. 良好职业行为

C. 独立性　　　　　　　　　　　D. 保密

【答案】 ABD

【解析】 除独立性原则外，其他五项基本原则（诚信、客观公正、专业胜任能力和勤勉尽责、保密、良好职业行为）适用于所有的会员，所有的职业活动。

可能对遵守职业道德基本原则产生不利影响的因素包括自我利益、自我评价、过度推介、密切关系和外在压力。

其中，密切关系包括近亲属。注册会计师的近亲属包括主要近亲属和其他近亲属。

以 ABC 会计师事务所审计项目合伙人"老王"为例，用 A 表示主要近亲属，用 B 表示其他近亲属，如图 3-3 所示。

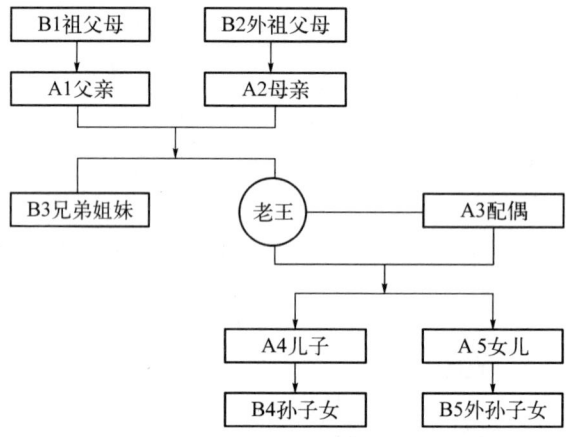

图 3-3　注册会计师的近亲属

【看图说话】

(1) 主要近亲属是指其父母、配偶和子女，即图 3-3 中的 A1、A2、A3、A4、A5。

(2) 其他近亲属是指其祖父母、外祖父母、兄弟姐妹、孙子女、外孙子女，即图 3-3 中的 B1、B2、B3、B4、B5。

【提示】 主要近亲属和其他近亲属对独立性产生不利影响的程度不同，比如，对待经济利益、贷款和担保、商业关系、家庭和私人关系等因素时，均可能需要区分主要近亲属和其他近亲属。

【例题3-3·单项选择题】 下列情形中,不属于因自身利益对职业道德基本原则产生不利影响的是(   )。

A. 注册会计师的主要近亲属拥有审计客户100股股票
B. 审计项目合伙人计划在审计报告日后加入该客户担任财务总监
C. 当客户与第三方发生诉讼或纠纷时,注册会计师为该客户辩护
D. 会计师事务所以或有收费的方式承接审计业务

【答案】 C

【解析】 选项C不属于,注册会计师担任该客户的辩护人,将因过度推介或自我评价对职业道德基本原则产生不利影响。

思考与练习

一、单项选择题

1. 根据职业道德基本原则,以下关于独立性的陈述不恰当的是(   )。

  A. 实质上的独立性要求注册会计师在执行鉴证业务提出结论时其职业判断不受损害
  B. 实质上的独立性要求注册会计师与所有客户之间不存在任何经济利益关系
  C. 注册会计师如果形式上不独立会被推定为其诚信、客观或职业怀疑态度已经受到损害
  D. 注册会计师在执行鉴证业务时必须在实质和形式上都遵循独立性要求

2. A公司持有B公司75%的股份,XYZ会计师事务所与A公司为亲密合作伙伴,B公司拟委托XYZ会计师事务所审计其2022年度的财务报表。下列说法中,正确的是(   )。

  A. XYZ会计师事务所应拒绝接受委托
  B. XYZ会计师事务所可以接受委托,但是需要由其他事务所来复核
  C. 该种情况并不会威胁独立性,所以XYZ会计师事务所可以承接该业务
  D. 只要防范措施适当,还是可以承接该业务的

3. 下列情况中,XYZ会计师事务所可能承接审计业务的是(   )。

  A. XYZ会计师事务所与A公司共同出资10 000 000元成立XA公司
  B. XYZ会计师事务所为B上市公司提供关于财务系统的内部审计服务
  C. XYZ会计师事务所前任主任会计师离职13个月后加入C上市公司
  D. XYZ会计师事务所代编了D上市公司的财务报表

4. 下列情况中,不会对XYZ会计师事务所独立性产生威胁的是(   )。

  A. XYZ会计师事务所免息获得审计客户A银行巨额贷款
  B. XYZ会计师事务所按照正常的程序、条款等获得审计客户B银行巨额贷款
  C. XYZ会计师事务所作为审计客户C公司的担保人,获取巨额贷款

D. XYZ 会计师事务所员工按照正常的程序、条款等获得审计客户 D 银行巨额贷款

5. XYZ 会计师事务所按照正常的商业条件在审计客户 A 银行开立了基本账户，存款金额为 10 000 000 元，下列描述中，正确的是（　　）。

　　A. 由于金额对于双方均重大，该情况影响 XYZ 会计师事务所的独立性
　　B. 由于是按照正常的商业条件开立的，不会对独立性产生威胁
　　C. XYZ 会计师事务所可以采取措施将这种威胁降低至可接受水平
　　D. XYZ 会计师事务所可以将钱取出或者销户以消除该种威胁

6. 下列情况中，项目组成员甲注册会计师应该被调离的是（　　）。

　　A. 甲注册会计师的妻子是审计客户的财务总监
　　B. 甲注册会计师的儿子是审计客户的一名普通的销售人员
　　C. 甲注册会计师的邻居是审计客户的出纳
　　D. 甲注册会计师的同学是审计客户的内审人员

7. 下列情况中，XYZ 会计师事务所不应该接受委托或者解除业务约定的是（　　）。

　　A. 审计项目组成员与审计客户长期保持亲密的关系
　　B. 在审计报告涵盖期间以前，审计项目组成员曾经是审计客户的董事或高级管理人员
　　C. 前任合伙人加入审计客户，并且仍与 XYZ 会计师事务所保持亲密的关系
　　D. XYZ 会计师事务所的员工担任审计客户的秘书，但是仅承担日常性和行政事务性的责任和行动

8. XYZ 会计师事务所委派甲注册会计师为项目负责人，审计 A 公司（非公众利益实体）2022 年度财务报表，以下描述影响独立性的是（　　）。

　　A. 甲注册会计师提出会计调整分录的建议
　　B. 甲注册会计师曾参与设计、实施和维护与财务报表编制相关的内部控制
　　C. 非审计项目组成员乙注册会计师为 A 公司发放工资
　　D. 甲注册会计师为 A 公司提供特定技术支持，但不承担管理层责任

9. 以下关于会计师事务所向审计客户提供评估服务的说法中，正确的是（　　）。

　　A. 如果审计客户要求会计师事务所提供评估服务，以帮助其履行税务报告义务或满足税务筹划目的，通常对独立性产生威胁
　　B. 如果评估服务对会计师事务所发表意见的财务报表具有重大影响，且评估涉及高度的主观性，可采取防范措施将自我评价威胁降至可接受水平
　　C. 在审计客户属于公众利益实体的情况下，如果评估服务单独或累积起来对注册会计师发表的意见具有重大影响，采取防范措施将其降低至可接受水平
　　D. 向审计客户提供评估服务可能产生自我评价威胁

10. 下列描述中，属于或有收费的是（　　）。

　　A. 以未审财务报表总资产为基准确定收费

B. 会计师事务所可以根据审计小组成员审计过程中预计花费的审计时间为基础确定收费金额

C. 在确定收费时考虑专业服务所需的知识和技能

D. 以最终审计客户是否能够依据已审财务报表取得贷款为基础，确定收取的费用

二、多项选择题

1. 独立性概念框架要求注册会计师采取（　　）的措施。

   A. 识别对独立性的威胁

   B. 评价已识别威胁的重要程度

   C. 保持专业胜任能力

   D. 必要时采取防范措施消除威胁或将其降至可接受水平

2. 下列有关涉及职业道德的表述中，恰当的有（　　）。

   A. 如果客户涉足非法活动，就有可能对注册会计师的诚信或职业行为构成潜在威胁

   B. 注册会计师在缺乏专业胜任能力的情况下应当拒绝提供专业服务

   C. 如果注册会计师为存在利益冲突的两个或多个客户提供服务，注册会计师应当告知所有已知相关方这一情况，并获得客户同意以在此情况下执行业务

   D. 如果注册会计师为存在竞争的不同客户提供服务，注册会计师应当告知客户这一情况，并获得客户同意以在此情况下执行业务

3. 通常情况下，下列各项中，属于公众利益实体的有（　　）。

   A. 上市公司　　　B. 银行　　　C. 保险公司　　　D. 电信公司

4. 经济利益威胁存在与否及其重要程度的高低取决于（　　）。

   A. 事务所的类型以及客户的行业

   B. 拥有经济利益人员的角色

   C. 经济利益是否为直接拥有或控制

   D. 经济利益金额的大小

5. 项目组成员甲注册会计师的叔叔持有审计客户股票，价值 100 000 元，项目负责人乙注册会计师应当采取（　　）的防范措施以消除威胁或将其可接受错报降至可接受低水平。

   A. 由甲注册会计师的叔叔尽快处置全部经济利益

   B. 由乙注册会计师复核甲注册会计师的工作

   C. 由项目组之外的其他注册会计师复核甲注册会计师所执行的工作

   D. 将甲注册会计师调离审计项目组

第四章 审计目标与审计流程

 重点、难点讲解及典型例题

一、注册会计师审计的总体目标

对财务报表整体是否不存在由于舞弊或错误导致的重大错报获取合理保证,使得注册会计师能够对财务报表是否在所有重大方面按照适用的财务报告框架编制发表审计意见。按照审计准则的规定,根据审计结果对财务报表出具审计报告,并与管理层和治理层沟通。

【例题 4-1·多项选择题】 关于注册会计师执行财务报表审计工作的总体目标,正确的有(   )。

A. 对财务报表整体是否不存在由于舞弊或错误导致的重大错报获取合理保证,使得注册会计师能够对财务报表是否在所有重大方面按照适用的财务报告框架编制发表审计意见
B. 对被审计单位的持续经营能力提供合理保证
C. 对被审计单位内部控制是否存在值得关注的缺陷提供合理保证
D. 按照审计准则的规定,根据审计结果对财务报表出具审计报告,并与管理层和治理层沟通

【答案】 AD

【解析】 注册会计师审计的总体目标是:对财务报表整体是否不存在由于舞弊或错误导致的重大错报获取合理保证,使得注册会计师能够对财务报表是否在所有重大方面按照适用的财务报告框架编制发表审计意见(选项A);按照审计准则的规定,根据审计结果对财务报表出具审计报告,并与管理层和治理层沟通(选项D)。

二、治理层、管理层与注册会计师对财务报表的责任

(1)治理层是指对被审计单位战略方向以及管理层履行经营管理责任负有监督责任的人员或组织。治理层的责任包括对财务报表过程的监督。在治理层的监督下,管理层作为会计工作的行为人,对编制财务报表负有直接责任。因此,在被审计单位治理层的监督下,按照适用的会计准则和相关会计制度的规定编制财务报表是被审计单位管理层的责任。

(2)管理层对编制财务报表的责任具体包括:选择适用的会计准则和相关会计制度;

选择和运用恰当的会计政策；根据企业的具体情况，作出合理的会计估计。管理层作为会计工作的行为人，对编制财务报表负有直接责任。

（3）按照中国注册会计师审计准则的规定，对财务报表发表审计意见是注册会计师的责任。但是财务报表审计不能减轻管理层和治理层对财务报表的责任。

三、认定

（1）被审计单位管理层的认定是指管理层在财务报表中作出的明确或隐含的表达，注册会计师将其用于考虑可能发生的不同类型的潜在错报。

（2）与所审计期间各类交易、事项及相关披露相关的审计认定包括：

① 发生：由发生认定推导的审计目标是确认已记录的交易是真实的。

② 完整性：由完整性认定推导的审计目标是确认已发生的交易确实已经记录，所有应包括在财务报表中的相关披露均已包括。

③ 准确性：由准确性认定推导出的审计目标是确认已记录的交易是按正确金额反映的，相关披露已得到恰当计量和描述。

④ 截止：由截止认定推导出的审计目标是确认接近于资产负债表日的交易记录于恰当的期间。

⑤ 分类：由分类认定推导出的审计目标是确认被审计单位记录的交易经过适当分类。

⑥ 列报：由列报认定推导出的审计目标是确认被审计单位的交易和事项已被恰当地汇总或分解且表述清楚，相关披露在适用的财务报告编制基础下是相关的、可理解的。

（3）与期末账户余额及相关披露相关的审计认定包括：

① 存在：由存在认定推导的审计目标是确认记录的金额确实存在。

② 权利和义务：由权利和义务认定推导的审计目标是确认资产归属于被审计单位，负债属于被审计单位的义务。

③ 完整性：由完整性认定推导的审计目标是确认已存在的金额均已记录，所有应包括在财务报表中的相关披露均已包括。

④ 准确性、计价和分摊：资产、负债和所有者权益以恰当的金额包括在财务报表中，与之相关的计价或分摊调整已恰当记录，相关披露已得到恰当计量和描述。

⑤ 分类：资产、负债和所有者权益已记录于恰当的账户。

⑥ 列报：资产、负债和所有者权益已被恰当地汇总或分解且表述清楚，相关披露在适用的财务报告编制基础下是相关的、可理解的。

四、审计流程

（1）审计目标的实现过程包括以下五大环节：

① 接受业务委托。

② 计划审计工作。

③ 实施风险评估程序。

④ 实施控制测试和实质性程序。

⑤ 完成审计工作和编制审计报告。

（2）风险评估程序是指注册会计师为了解被审计单位及其环境（包括内部控制），以识别和评估财务报表层次和认定层次的重大错报风险（无论该风险由于舞弊还是错误导致）而实施的审计程序。

（3）实质性程序是指注册会计师针对评估的重大错报风险实施的直接用以发现认定层次重大错报的审计程序。

（4）细节测试是指对各类交易、账户余额、列报的具体细节进行测试，目的在于直接识别财务报表认定是否存在错报。

 思考与练习

一、单项选择题

1. （　　）是指管理层在财务报表中作出的明确或隐含的表达，它是管理层对财务报表各组成要素进行确认、计量、列报的结果展示。

　　A. 认定　　　　B. 管理层责任　　C. 具体审计目标　　D. 审计目标

2. 最有可能出现（　　）认定错报的交易是那些临近资产负债表日前后的交易。

　　A. 发生　　　　B. 截止　　　　　C. 准确性　　　　　D. 分类

3. 如果将应资本化的借款利息记录为财务费用，则属于（　　）认定错报。

　　A. 发生　　　　B. 分类　　　　　C. 准确性　　　　　D. 可理解性

4. 将当年 12 月 31 日发生的一笔赊销交易记入次年 1 月 5 日主营业务收入明细账，这属于（　　）认定错报。

　　A. 发生　　　　　　　　　　　　B. 完整性

　　C. 截止　　　　　　　　　　　　D. 准确性、计价与分摊

5. 作为财务报表审计目标，（　　）是指被审计单位财务报表是否按照适用的财务报告编制基础编制。

　　A. 合法性　　　B. 公允性　　　　C. 一贯性　　　　　D. 认定

6. 作为财务报表审计目标，（　　）是指被审计单位的财务报表是否在所有重大方面公允反映其财务状况、经营成果和现金流量。

　　A. 合法性　　　B. 公允性　　　　C. 一贯性　　　　　D. 认定

7. 被审计单位的下列会计处理中，属于准确性认定错报的是（　　）。

　　A. 将营业收入 100 000 元记录为营业外收入 100 000 元

　　B. 将销售费用 5 000 元记录为管理费用 5 000 元

　　C. 将低值易耗品 8 000 元记录为固定资产 8 000 元

　　D. 将应付账款 6 000 元记录为 600 元

8. 如果在应收账款明细表中列入了不存在的某顾客的应收账款，则属于（　　）

认定错报。

  A. 存在   B. 完整性   C. 分类   D. 截止

  9. 资产负债表的货币资金项目包含冻结存款 200 000 元，这属于（　　）认定错报。

  A. 存在   B. 完整性

  C. 准确性、计价与分摊   D. 分类

  10. 审计意见旨在提高被审计单位（　　）的可信赖程度。

  A. 财务报表   B. 持续经营能力

  C. 管理层经营效率   D. 管理层经营效果

二、多项选择题

  1. 注册会计师财务报表审计总目标是注册会计师对财务报表整体是否不存在由舞弊或错误导致的重大错报获取合理保证，使得注册会计师对财务报表的（　　）发表审计意见。

  A. 合法性   B. 公允性

  C. 重大错报风险   D. 重要性水平

  2. 某公司 2022 年 12 月 31 日资产负债表流动资产项下列示存货 1 000 000 元，则明确的认定包括（　　）。

  A. 记录的存货是存在的

  B. 记录的存货的价值是 1 000 000 元

  C. 所有应列报的存货都包括在财务报表中

  D. 记录的存货全部由本公司拥有

  3. 某公司 2022 年 12 月 31 日资产负债表流动资产项下列示货币资金 2 000 000 元，则隐含的认定包括（　　）。

  A. 记录的货币资金是存在的

  B. 记录的货币资金全部由本公司拥有

  C. 所有的货币资金都包括在财务报表中

  D. 全部货币资金的使用不受任何限制

  4. 审计目标分为（　　）两个层次。

  A. 审计总目标   B. 报表层次审计目标

  C. 具体审计目标   D. 认定层次审计目标

  5. 一般来说，具体审计目标应根据（　　）来确定。

  A. 审计总目标   B. 管理层认定

  C. 审计准则   D. 审计范围

  6. 下列属于列报的分类认定发生错报的有（　　）。

  A. 截至资产负债表日还有 9 个月到期的长期应收款重分类至 1 年内到期的非流动

资产

  B. 摊销期只剩1年的长期待摊费用重分类到1年内到期的非流动资产

  C. 应收账款明细有贷方余额，应收账款项目按照应收账款总账余额列报

  D. 应付账款明细有借方余额，应付账款项目按照应付账款总账余额列报

7. 下列各项中，与期末账户余额相关的认定有（　　）。

  A. 存在　　　　　　　　　　　B. 权利与义务

  C. 完整性　　　　　　　　　　D. 准确性、计价与分摊

8. 下列各项中，与各类交易和事项相关的认定有（　　）。

  A. 存在　　　　　　　　　　　B. 权利与义务

  C. 完整性　　　　　　　　　　D. 截止

9. 下列各项中，属于交易或期末账户余额的分类认定具体运用的有（　　）。

  A. 应收账款与其他应收账款予以区分记录

  B. 出售固定资产所得的收入与营业收入区分记录

  C. 将现销与赊销区分记录

  D. 财务报表附注分别对原材料、在产品和产成品等存货成本核算方法作了恰当说明

10. 下列注册会计师通过审计发现的情况中，被审计单位权利与义务认定存在错报的有（　　）。

  A. 将经营租入的设备作为自有固定资产

  B. 将融资租入的设备作为自有固定资产

  C. 因承担保修责任而确认的预计负债在保修期结束时仍未冲销

  D. 将客户寄存的商品作为自有存货

三、判断题

1. 管理层认定是管理层在财务报表中作出的明确或隐含的表达。（　　）

2. 交易的发生认定可能存在的错报是漏记交易。（　　）

3. 期末账户余额的完整性认定可能存在的错报是把那些不曾发生的交易和事项记入财务报表，它主要与财务报表组成要素的高估有关。（　　）

4. 若已入账的销售交易是对真实发出商品的记录，但金额计算错误，则属于准确性认定错报，而发生认定没有错报。（　　）

5. 如果下期交易提前到本期记录，属于截止认定错报。（　　）

6. 附注披露存货的主要类别与列报的分类认定有关。（　　）

7. 如果交易和事项、期末账户余额的相关认定不存在错报，那么其列报认定一定也不存在错报。（　　）

8. 如果财务报表中将1年内到期的借款列报为长期借款，则负债列报的分类认定是正确的。（　　）

9. 由交易的分类认定推导出的审计目标是确认接近资产负债表日的交易是否记录于恰当的期间。( )

10. 由期末账户余额的计价与分摊认定推导出的审计目标是确认已记录的交易是否真实发生,没有虚报。( )

第五章 审计计划

 重点、难点讲解及典型例题

一、审计计划的类型

审计计划是指注册会计师为了完成各项审计业务,达到预期的审计目标,在具体执行审计程序之前编制的工作计划(包括总体审计策略和具体审计计划)。

二、初步业务活动的步骤

初步业务活动一般包括以下几个主要步骤:
(1) 前期准备工作。
(2) 执行审计程序以了解客户及其环境。
(3) 取得有关客户法律义务的信息。
(4) 执行初步的分析程序。
(5) 确定重要性水平,评价可接受的审计风险。
(6) 调查被审计单位内部控制,评价控制风险。

三、制定总体审计策略

(1) 制定总体审计策略时考虑的事项包括:
① 审计范围。
② 报告目标、时间安排及所需沟通。
③ 审计方向。
④ 审计资源。
(2) 注册会计师应当制定总体审计策略,用以确定审计工作的范围、时间安排和方向,以及指导具体审计计划的制订。总体审计策略的具体内容为:
① 确定审计业务的特征,以界定审计范围。
② 明确审计业务的报告目标,以计划审计的时间安排和所需沟通的性质。
③ 根据职业判断,考虑用以指导项目组工作方向的重要因素。
④ 考虑初步业务活动的结果,并考虑项目合伙人对被审计单位执行其他业务时获得的经验是否与审计业务相关(如适用)。
⑤ 确定执行业务所需资源的性质、时间安排和范围。

(3) 注册会计师通常通过填制总体审计策略表格的形式来记录总体审计策略。总体审计策略表格格式参见教材表 5-2。

【例题 5-1·单项选择题】 下列有关计划审计工作的说法中，错误的是（ ）。

A. 在制定总体审计策略时，注册会计师应当考虑初步业务活动的结果

B. 注册会计师制订的具体审计计划应当包括风险评估程序、计划实施的进一步审计程序和其他审计程序

C. 注册会计师在制订审计计划时，应当确定对项目组成员的工作进行复核的性质、时间安排和范围

D. 具体审计计划通常不影响总体审计策略

【答案】 D

【解析】 值得注意的是，虽然制定总体审计策略的过程通常在具体审计计划之前，但是两项计划具有内在紧密联系，对其中一项的决定可能会影响甚至改变对另外一项的决定（选项 D 错误）。

四、制订具体审计计划

(1) 具体审计计划的内容包括：

① 风险评估程序。

② 计划实施的进一步审计程序。

③ 计划实施的其他审计程序。

(2) 具体审计计划的编制除了要考虑被审计单位及其环境外，还应当考虑如下几个因素：

① 总体审计策略中确定的重要会计问题及重点审计领域。

② 重要性水平。

③ 时间安排和人员安排。

【例题 5-2·多项选择题】 下列各项中，属于具体审计计划的活动的有（ ）。

A. 确定重要性

B. 确定是否需要实施项目质量复核

C. 确定风险评估程序的性质、时间安排和范围

D. 确定进一步审计程序的性质、时间安排和范围

【答案】 CD

【解析】 选项 A 和选项 B 属于制定总体审计策略需要考虑的内容。

 思考与练习

一、单项选择题

1. ABC 会计师事务所承接了乙上市公司的 2022 年度财务报表审计工作，A 注册会

计师作为项目合伙人正在和乙上市公司的管理层就审计业务约定书沟通。A 注册会计师的下列说法中，正确的是（　　）。

　　A. 审计准则是注册会计师审计财务报表的标准

　　B. 管理层已认可并理解其承担的责任是注册会计师进行审计的目标

　　C. 注册会计师对财务报表的编制和被审计单位的内部控制承担责任

　　D. 注册会计师应当要求管理层就其对财务报告责任提供书面声明

2. 如果是连续审计业务，在下列情况下，可能需要注册会计师提醒被审计单位管理层关注或修改现有业务约定条款的是（　　）。

　　A. 注册会计师对上期财务报表出具了非标准审计报告

　　B. 会计师事务所内部作了重大调整

　　C. 被审计单位对上期财务报表作出重述

　　D. 被审计单位所有权发生重大变动

3. 在完成审计业务前，如果被审计单位将审计业务变更为保证程度较低的鉴证业务，注册会计师认为合理的理由是（　　）。

　　A. 被审计单位限制注册会计师接触审计所需资料

　　B. 被审计单位限制注册会计师接触相关人员

　　C. 被审计单位提出大幅度削减审计费用

　　D. 被审计单位对原来要求的审计业务的性质存在误解，要求变更为财务报表审计

4. 在制订具体审计计划时，注册会计师应当考虑的内容是（　　）。

　　A. 计划实施的进一步审计程序的性质、时间安排和范围

　　B. 为审计目的确定重要性

　　C. 计划向高风险领域分派的项目组成员

　　D. 计划召开项目组会议的时间

5. 下列与重大错报风险相关的表述中，正确的是（　　）。

　　A. 重大错报风险是财务报表存在重大错报时注册会计师发表不恰当审计意见的可能性

　　B. 重大错报风险是在考虑相关的内部控制之前，某类交易、账户余额或披露的某一认定易于发生错报（该错报单独或连同其他错报可能是重大的）的可能性

　　C. 重大错报风险独立于财务报表审计而存在，是审计前就存在的

　　D. 重大错报风险可以通过合理实施审计程序予以控制

6. 在审计风险模型中，审计风险取决于重大错报风险和检查风险，下列表述中，不正确的是（　　）。

　　A. 在既定的审计风险水平下，可接受的检查风险水平与认定层次重大错报风险的评估结果是反向关系

　　B. 注册会计师应当合理设计审计程序的性质、时间安排和范围，并有效执行审计程序，以制风险

C. 注册会计师应当合理计审计程序的性质、时间和范围，审计程序，以消除检查风险

D. 注册会计师应当获得认定层次充分、适当的审计证据，以便在完成审计工作时，能够以可接受的低审计风险对财务报表整体发表意见

7. 在执行审计业务时，注册会计师应当确定合理的重要性水平。下列做法中，正确的是（　　）。

A. 通过调高重要性水平，降低评估的重大错报风险

B. 通过调低重要性水平，降低评估的重大错报风险

C. 在确定计划的重要性水平时，应当考虑对被审计单位及其环境的了解

D. 在确定计划的重要性水平时，应当考虑实施进一步审计程序的结果

8. 审计计划通常是由（　　）于被审计单位现场审计工作开始之前起草的。

A. 会计师事务所主要负责人　　　B. 审计项目参与人

C. 审计项目负责人　　　　　　　D. 会计师事务所的法人代表

9. 下列关于实际执行的重要性水平的说法中，正确的是（　　）。

A. 实际执行的重要性水平就是计划的重要性水平

B. 实际执行的重要性水平指的是低于财务报表层次的重要性水平，不包含低于特定类别的交易、账户余额或披露的重要性水平的一个或多个金额

C. 通常而言，实际执行的重要性水平通常为财务报表整体重要性水平的50%～75%

D. 如果是连续审计，以前年度审计调整较少，那么实际执行的重要性水平接近财务报表总体重要性水平的50%

10. 下列关于评价审计过程中识别出的错报的理解中，不正确的是（　　）。

A. 在评价未更正错报的影响之前，注册会计师可能有必要依据实际的财务结果对重要性水平作出修改

B. 在评价未更正错报的影响之前，注册会计师不能对重要性水平作出修改

C. 注册会计师需要考虑每一单项错报，以评价其对相关类别的交易、账户余额或披露的影响，包括评价该项错报是否超过特定类别的交易、账户余额或披露的重要性水平（如适用）

D. 确定一项分类错报是否重大，注册会计师需要进行定性评估

二、多项选择题

1. 注册会计师在审计业务开始时应当开展的初步业务活动有（　　）。

A. 针对保持客户关系和具体审计业务实施相应的质量控制程序

B. 评价项目组成员的独立性

C. 就审计业务约定条款达成一致意见

D. 评价项目组成员的专业胜任

2. ABC会计师事务所拟与丙上市公司签订2022年度财务报表审计业务的业务约定书，下列选项中，应当包含在该业务约定书中的有（   ）。

A. 财务报表审计的目标与范围

B. 注册会计师的责任

C. 被审计单位治理层的责任

D. 注册会计师拟出具的审计报告的预期形式和内容，以及对在特定情况下出具的审计报告可能不同于预期形式和内容的说明

3. 在制定总体审计策略的阶段，注册会计师应当做的工作有（   ）。

A. 测试被审计单位内部控制活动的有效性

B. 评价被审计单位会计估计的合理性

C. 与被审计单位管理层讨论实施审计程序的时间

D. 编制拟审计的财务信息所依据的财务报告编制基础

4. 注册会计师应当在总体审计策略中清楚地说明（   ）。

A. 向具体审计领域调配的资源

B. 向具体审计领域分配资源的数量

C. 何时调配资源

D. 如何管理、指导、监督资源的利用

5. 在确定对项目组成员指导、监督与复核的性质、时间安排和范围时，注册会计师应当考虑的主要因素有（   ）。

A. 针对客户关系和具体审计业务实施的相应质量控制程序

B. 重大错报风险

C. 独立性要求

D. 审计时间预算

6. 下列有关审计重要性的表述中，错误的有（   ）。

A. 重要性取决于在具体环境下对错报金额和性质的判断

B. 如果一项错报单独可能影响财务报表使用者依据财务报表作出的经济决策，则该项错报是重大的

C. 在审计开始时，就必须对重大错报的规模和性质作出一个判断，只包括确定财务报表层次的重要性水平，不包括特定交易类别、账户余额和披露的重要性水平

D. 判断一项错报对财务报表是否重大，应当考虑对个别特定财务报表使用者产生的影响

7. 当可接受的检查风险降低时，注册会计师可能采取的措施有（   ）。

A. 扩大实质性程序的范围

B. 将计划实施实质性程序的时间从期中移至期末

C. 消除控制风险

D. 消除固有风险

8. 具体审计计划包括的内容有（　　）。
   A. 风险评估程序　　　　　　　　B. 确定审计范围、时间安排和方向
   C. 计划实施的进一步审计程序　　D. 计划实施的审计程序

9. 下列情形中，注册会计师可能认为需要在审计过程中修改财务报表整体的重要性的有（　　）。
   A. 被审计单位决定处置一个重要组成部分
   B. 注册会计师获取新的信息
   C. 注册会计师在审计过程中发现，实际财务成果与最初确定财务报表整体的重要性时使用的预期本期财务成果相比存在很大差异
   D. 审计过程中累积错报的汇总数接近财务报表整体的重要性

10. 制定总体审计策略时应考虑的事项有（　　）。
    A. 审计范围　　　　　　　　　　B. 报告目标、时间安排及所需沟通
    C. 审计方向　　　　　　　　　　D. 审计资源

三、判断题

1. 审计业务错综复杂，即使归属于同一审计阶段的几项具体审计工作，有时也是难分先后的。（　　）
2. 如果被审计单位不是委托人，审计业务约定书是由注册会计师与委托人签订的书面协议。（　　）
3. 审计业务约定书一式两份，只能由签约双方法人代表亲自签署。（　　）
4. 初步业务活动主要是对被审计单位的财务报表及账户余额进行检查。（　　）
5. 总体审计策略的详细程度随被审计单位的规模及该项审计业务的复杂程度不同而变化。（　　）
6. 具体审计计划比总体审计策略详细。（　　）
7. 审计计划一旦制订，在执行中就不得作任何修改。（　　）
8. 具体审计计划用以确定审计范围、时间安排、方向和审计资源，并指导制定总体审计策略。（　　）
9. 除了项目负责人，项目组其他成员都不应当参与计划审计工作，以免对计划过程的效率和效果产生不利影响。（　　）
10. 为了防止审计程序被管理层或治理层预见，注册会计师不可以同被审计单位的管理层与治理层就计划审计工作进行沟通。（　　）

第六章 审计证据和审计工作底稿

 重点、难点讲解及典型例题

一、审计证据的含义及类型

(1) 审计证据是指注册会计师为了得出审计结论和形成审计意见而使用的信息。审计证据包括构成财务报表基础的会计记录所含有的信息和从其他来源获取的信息。

(2) 审计证据的类型:

① 按照外形特征分类:实物证据、书面证据、口头证据、环境证据。

② 按照来源分类:内部证据、外部证据、亲历证据。

二、审计证据的可靠性

审计证据证明力的影响因素有四个,即充分性、相关性、可靠性和及时性。注册会计师可以采用下列审计程序获取审计证据:检查记录或文件;检查有形资产;观察;询问;函证;重新计算;重新执行;分析程序。在实务中通常使用的审计程序还包括穿行测试。其中,各类审计证据的可靠性程度,如表6-1所示。

表6-1 各类审计证据的可靠性

证据获取方法	决定可靠性的原则					
	证据提供者的独立性	内部控制有效性	注册会计师的直接认识	证据的存在形式	证据提供者的资格	证据客观性
检查记录或文件	多样化	多样化	低	高	多样化	高
检查有形资产	高(注册会计师实施)	多样化	高	高	通常较高(注册会计师实施)	高
观察	高(注册会计师实施)	多样化	高	中	通常较高(注册会计师实施)	中
询问	低	不适用	低	低	多样化	多样化
函证	高	不适用	低	高	多样化	高
重新计算	高(注册会计师实施)	不适用	高	不适用	高(注册会计师实施)	高
重新执行	高(注册会计师实施)	多样化	高	不适用	高(注册会计师实施)	高
分析程序	高(注册会计师实施)	多样化	低	高	高(注册会计师实施)	一般较低
穿行测试	高(注册会计师实施)	多样化	高	不适用	高(注册会计师实施)	高

【例题 6-1·单项选择题】 下列各项中,不影响审计证据可靠性的是( )。

A. 用作审计证据的信息与相关认定之间的关系
B. 审计证据的来源
C. 被审计单位内部控制是否有效
D. 审计证据的存在形式

【答案】 A

【解析】 选项 A 错误,审计证据的相关性是指用作审计证据的信息与审计程序的目的和所考虑的相关认定之间的逻辑联系。

三、审计工作底稿的类型

审计工作底稿按照其性质和用途,分为综合类工作底稿、业务类工作底稿和备查类工作底稿。业务类工作底稿按其性质和内容不同,又可分为审计日记、调查类、查账类、盘点类和专项审计工作底稿。

【例题 6-2·单项选择题】 在某些例外情况下,如果在审计报告日后实施了新的或追加的审计程序,或者得出新的结论,应当形成相应的审计工作底稿。下列各项中,无须包括在审计工作底稿中的是( )。

A. 有关例外情况的记录
B. 实施的新的或追加的审计程序、获取的审计证据、得出的结论及对审计报告的影响
C. 对审计工作底稿作出相应变动的时间和人员以及复核的时间和人员
D. 审计报告日后,修改后的被审计单位财务报表草稿

【答案】 D

【解析】 审计工作底稿通常不包括财务报表草稿。

四、审计工作底稿的复核

(1) 审计工作底稿复核的要点包括:
① 所引用的资料是否翔实、可靠。
② 所获取的审计证据是否充分、适当。
③ 审计判断是否有理有据。
④ 审计结论是否恰当。
(2) 审计工作底稿的三级复核制度,如表 6-2 所示。

表 6-2 审计工作底稿三级复核制度

复核级次	复核主体	复核性质	复核目标
第一级复核	项目经理(或项目负责人)	详细复核	要求项目经理对下属审计助理员形成的审计工作底稿逐张复核,发现问题,及时指出,并促注册会计师及时修改完善

(续表)

复核级次	复核主体	复核性质	复核目标
第二级复核	部门经理（或签注册会计师）	一般复核	在项目经理完成了详细复核之后，再对审计工作底稿中重要会计账项的审计、重要审计程序的执行，以及审计调整事项等进行复核，这既是对项目经理复核的一种再监督，也是对重要审计事项的重点把关
第三级复核	主任会计师	重点复核	是对审计过程中的重大会计审计问题、重大审计调整事项及重要的审计工作底稿所进行的复核，主任会计师复核既是对前面两级复核的再监督，也是对整个审计工作的计划、进度和质量的重点把关

 思考与练习

一、单项选择题

1. 注册会计师执行财务报表审计业务获取的下列审计证据中，可靠性最强的是（　　）。

   A. 会议的同步书面记录　　　B. 应收账款函证回函
   C. 采购订货单　　　　　　　D. 销售发票

2. 充分性和适当性是审计证据的两个重要特征，下列关于审计证据的充分性和适当性的表述中，不正确的是（　　）。

   A. 审计证据质量越高，需要审计证据的数量可能越少
   B. 充分性和适当性两者缺一不可，只有充分且适当的审计证据才是有证明力的
   C. 如果审计证据的质量存在缺陷，仅靠获取更多的审计证据可能无法弥补其质量上的缺陷
   D. 审计证据的充分性与适当性密切相关，审计证据的充分性一定会影响其适当性

3. 当实施实质性程序不足以提供有关认定层次充分、适当的审计证据时，注册会计师应当实施控制测试，以获取内部控制运行有效性的审计证据。下列属于在控制测试中注册会计师所实施的审计程序的是（　　）。

   A. 分析程序　　　　　　　　B. 函证
   C. 重新执行　　　　　　　　D. 重新计算

4. 关于审计证据的充分性和适当性，以下表述中，正确的是（　　）。

   A. 会计记录中含有的信息不足以提供充分的审计证据作为对财务报表发表审计意见的基础
   B. 审计工作通常不涉及鉴定伪造的文件记录，对用作审计证据的文件记录，只需考虑相关内部控制的有效性
   C. 如果审计证据数量足够多，就可以大大降低审计证据的质量缺陷

D. 注册会计师无需考虑获取审计证据的成本与获取信息的有用性之间的关系

5. 下列各项中，不属于注册会计师实施分析程序的主要目的的是（　　）。

A. 了解内部控制

B. 在审计结束或临近结束时对财务报表进行总体复核

C. 用作实质性程序将检查风险降至可接受水平

D. 用作风险评估程序，以了解被审计单位及其环境

6. 下列关于分析程序的说法中，不正确的是（　　）。

A. 在风险评估过程中使用的分析程序所进行比较的性质、预期值的精确程度，以及所进行的分析和调查的范围都并不足以提供很高的保证水平

B. 当重大错报风险较低且数据之间具有稳定的预期关系，注册会计师单独使用实质性分析程序也能获取充分、适当的证据

C. 实质性分析程序所提供的证据的证明力相对较弱

D. 实质性分析程序必须与细节测试结合运用

7. 如果注册会计师将财务报表日前适当日期作为函证的截止日，则说明注册会计师评估的认定层次重大错报风险是（　　）。

A. 高水平的　　　　　　　　B. 低水平的

C. 特别风险　　　　　　　　D. 无法应对风险

8. 审计工作底稿归整形成审计档案，以下关于审计档案的表述不恰当的是（　　）。

A. 对每项具体审计业务，注册会计师应当将审计工作底稿归整为审计档案

B. 永久性档案是指那些记录内容相对稳定，具有长期使用价值，并对以后审计工作具有重要影响和直接作用的审计档案

C. 当期档案是指那些记录内容经常变化，主要供当期审计使用的审计档案

D. 永久性档案需要永久保存，当期档案至少保存 10 年

9. 审计工作底稿的归档期限是（　　）。

A. 审计报告日后 60 日内　　　B. 审计报告日

C. 审计中止日　　　　　　　D. 审计中止后 30 日内

10. 下列关于审计工作底稿存在形式的说法中，恰当的是（　　）。

A. 仅以纸质形式存在

B. 应当以纸质或电子形式存在

C. 可以以纸质、电子或其他介质形式存在

D. 不能以纸质和电子形式存在

二、多项选择题

1. 下列关于审计证据的充分性和适当性的说法中，正确的有（　　）。

A. 审计证据的适当性是对审计证据质量的衡量

B. 审计证据的充分性是对审计证据数量的衡量

C. 注册会计师可以依靠获取更多的审计证据来弥补其质量上的缺陷

D. 错报风险越大，需要的审计证据可能越多；审计证据质量越高，需要的审计证据可能越少

2. 注册会计师在指导助理人员确定审计证据的相关性时提出以下观点，其中正确的有（ ）。

A. 检查期后应收账款收回的记录和文件可以提供有关存在和计价的审计证据，但是不一定与期末截止是否适当相关

B. 有关存货实物存在的审计证据并不能够替代与存货计价相关的审计证据

C. 注册会计师可以分析应收账款的账龄和应收账款的期后收款情况，以获取与坏账准备计价有关的审计证据

D. 有关存货实物存在的审计证据能够替代与存货计价相关的审计证据

3. 审计小组在讨论审计证据相关性时提出以下观点，其中正确的有（ ）。

A. 一种审计程序往往只能取得针对某一项认定的审计证据

B. 针对同一项认定可以从不同来源获取审计证据或获取不同性质的审计证据

C. 只与特定认定相关的审计证据并不能替代与其他认定相关的审计证据

D. 特定的审计程序可能只为某些认定提供相关的审计证据，而与其他认定无关

4. 针对财务报表的特定项目是否需要实施函证，以下对象中，应当实施函证的有（ ）。

A. 重大交易
B. 可能存在舞弊的交易
C. 重大关联方交易
D. 金额大且账龄长的项目

5. 在确定实质性分析程序使用的数据是否可靠时，注册会计师应当考虑（ ）。

A. 可获得信息的来源
B. 可获得信息的可比性
C. 可获得信息的性质和相关性
D. 与信息编制相关的控制

6. 下列关于分析程序的说法中，正确的有（ ）。

A. 分析程序的主要目的是确认是否有异常或意外的波动

B. 分析程序、控制测试可以为细节测试提供一定的方向性指导

C. 评估的重大错报风险水平越高，注册会计师越应当谨慎使用实质性分析程序

D. 对于异常变动的项目，注册会计师应考虑审计方法是否适当，是否应追加审计程序

7. 目前我国实行多层次的复核制度，而不同层次的复核其复核重点可能会不完全相同，但是就复核工作的基本要点来看，包含以下几点（ ）。

A. 所引用的资料是否翔实、可靠
B. 所获取的审计证据是否充分、适当
C. 审计判断是否有理有据
D. 审计结论是否恰当

8. 下列审计工作底稿归档后，属于当期档案的有（ ）。

A. 审计调整分录汇总表　　　B. 企业营业执照
C. 公司章程　　　　　　　　D. 关联方资料

9. 注册会计师在获取和评价审计证据的充分性和适当性时，应当特别考虑的因素有（　　）。

A. 对文件记录可靠性的考虑　　B. 使用被审计单位生成信息时的考虑
C. 证据相互矛盾时的考虑　　　D. 获取审计证据时对成本的考虑

10. 下列各项中，属于审计工作底稿复核内容的有（　　）。

A. 审计工作是否已按照职业道德规范、审计准则和适用的法律法规的规定执行
B. 已执行的审计程序的性质、时间安排和范围是否需要修改
C. 获取的审计证据是否充分、适当
D. 审计结论是否恰当，审计程序的目标是否实现

三、判断题

1. 如果审计证据不可靠，审计证据数量再多也不能起到证明作用。（　　）
2. 进行存货计价测试，从全部1 000种存货中选取200个样本获得的证据要比选取100个样本更充分。（　　）
3. 监盘存货形成的存货盘点表能够证明存货的存在，却不能证明存货的所有权与价值。（　　）
4. 询问形成的口头证据并不能独立证明被审计事项的真相，但往往能够提供重要的审计线索。（　　）
5. 在保证获取充分、适当的审计证据的前提下，注册会计师应考虑控制审计成本，但如果审计证据获取难、成本高，则可减少不可替代的审计程序。（　　）
6. 审计证据要满足充分性，因此，审计证据的数量越多越好。（　　）
7. 在完成审计档案归档工作后，注册会计师可以修改现有审计工作底稿或增加新的审计工作底稿而无须做任何记录。（　　）
8. 审计工作底稿必须有编制人和复核人的签名。（　　）
9. 审计证据通常是说服性的，而不是结论性的。（　　）
10. 引用底稿时，需要在审计工作底稿中注明引用的那张底稿的索引号，使相关审计工作底稿之间保持清晰的勾稽关系，以便于复核。（　　）

第七章 审计重要性与审计风险

 重点、讲解及典型例题

一、审计重要性

（1）审计重要性的概念可从下列方面进行理解：

① 对重要性的判断是根据具体环境作出的。

② 对重要性的判断受错报的金额或性质的影响，或受两者共同作用的影响。

③ 判断某事项对财务报表使用者是否重大，是在考虑财务报表使用者整体、共同的财务信息需求的基础上作出的。

【例题 7-1·判断题】 对重要性水平的判断是根据具体环境作出的。不同企业面临不同的环境，因而判断重要性水平的标准也不相同。   （ ）

【答案】 正确

【解析】 重要性水平是根据具体环境作出的。

（2）对重要性水平作出初步判断时应考虑的因素包括：

① 以往的审计经验。

② 审计的目标，包括特定报告要求。

③ 有关法规对财务会计的要求。

④ 被审计单位的经营规模及业务性质。

⑤ 内部控制与审计风险的评估结果。

⑥ 财务报表各项目的金额及其波动幅度。

⑦ 财务报表各项目的性质及其相互关系。

【例题 7-2·单项选择题】 注册会计师执行年度会计报表审计时，下列各项中最有可能帮助其对重要性水平作出初步判断的是（   ）。

A. 计划实施实质性测试时确定的预期样本量

B. 被审计单位的中期会计报表

C. 内部控制调查问卷

D. 与管理当局的沟通函

【答案】 B

【解析】 对重要性的判断是在考虑财务信息基础上作出的。

二、实际执行的重要性水平

(1) 确定实际执行的重要性水平需要注册会计师运用职业判断，并考虑下列因素的影响：

① 对被审计单位的了解。

② 前期审计工作中识别出的错报的性质和范围。

③ 根据前期识别出的错报对本期错报作出的预期。

(2) 重要性的运用可分为计划和执行审计工作时和评价审计结果时：

① 计划和执行审计工作时。在编制审计计划时，注册会计师应当对重要性水平作出初步判断。重要性水平的初步判断是审计师认为报表中可能存在错报，而又不至于影响理性使用者决策的最大金额作出的判断为确定风险评估程序的性质、时间安排和范围；识别和评估重大错报风险；确定进一步审计程序的性质、时间安排和范围等方面提供了基础。

② 评价审计结果时。注册会计师在评价审计结果时，应当汇总已发现但尚未更正的错报或漏报，以考虑尚未更正错报的汇总数是否对财务报表的反映产生重大影响。在作出这种判断时，就需要利用重要性水平。但是需要注意的是，注册会计师在确定重要性水平时是根据对被审计单位财务结果的估计的，因此，可能尚不知道实际的财务结果。因此，在评价未更正错报的影响前，注册会计师可能有必要依据实际的财务结果对重要性作出修改。

【例题 7-3·多项选择题】 如果已发现但尚未调整的错报、漏报的汇总数超过重要性水平，为降低审计风险，注册会计师应当采取的必要措施包括（　　）。

A. 修改审计计划，将重要性水平调整到更高的水平

B. 扩大实质性测试范围，进一步确认汇总数是否重要

C. 提请被审计单位调整会计报表，以使汇总数低于重要性水平

D. 发表保留意见或否定意见

【答案】　BC

【解析】　在评价未更正错报的影响前，注册会计师可能有必要依据实际的财务结果对重要性作出修改。

三、审计风险

审计风险取决于重大错报风险和检查风险。

重大错报风险可分为考虑财务报表层次的重大错报风险和认定层次的重大错报风险。

重大错报风险和检查风险两者之间的关系用数学模型表示为：

$$审计风险 = 重大错报风险 \times 检查风险$$

由于认定层次的重大错报风险由固有风险和控制风险构成,该模型可以进一步表示为:

$$审计风险＝重大错报风险×检查风险＝固有风险×控制风险×检查风险$$

审计风险与重要性水平之间存在反向关系。此外应注意,注册会计师不能通过不合理地人为调高重要性水平,降低审计风险。因为重要性是依据重要性概念中所述的判断标准确定的,而不是由主观期望的审计风险水平决定的。

【例题 7-4·单项选择题】 审计风险取决于重大错报风险和检查风险,下列表述中,正确的是（　　）。

A. 在既定的审计风险水平下,注册会计师应当实施审计程序,将重大错报风险降至可接受的低水平

B. 注册会计师应当合理设计审计程序的性质、时间和范围,并有效执行审计程序,以控制重大错报风险

C. 注册会计师应当合理设计审计程序的性质、时间和范围,并有效执行审计程序,以消除检查风险

D. 注册会计师应当获得认定层次充分、适当的审计证据,以便在完成审计工作时,能够以可接受的低审计风险水平对财务报表整体发表意见

【答案】　D

【解析】　审计风险模型。

思考与练习

一、单项选择题

1. 如果注册会计师认为被审计单位资产负债表的错报漏报加总数为 100 000 元时是重要的,利润表的错报漏报加总数为 200 000 元是重要的,在制订审计计划时,会计报表层次的重要性水平应定为（　　）元。

　　A. 100 000　　　　B. 200 000　　　　C. 150 000　　　　D. 300 000

2. 注册会计师在采用分配方法分配账户层次重要性水平时,会计报表层次的重要性水平和账户层次的重要性水平之和必须是（　　）。

　　A. 相接近　　　　　　　　　　　B. 前者大于后者
　　C. 后者大于前者　　　　　　　　D. 相等

3. 注册会计师执行年度会计报表审计时,下列各项中最有可能帮助其对重要性水平作出初步判断的（　　）。

　　A. 计划实施实质性测试时确定的预期样本量
　　B. 被审计单位的中期会计报表
　　C. 内部控制调查问卷

D. 与管理当局的沟通函

4. 在特定审计风险水平下，检查风险同评估的重大错报风险的关系是（　　）。

A. 同向变动关系　　　　　　B. 反向变动关系
C. 同比例变动关系　　　　　D. 不明显的

5. 如果在终结审计之前对控制风险的最终评估水平高于其初步评估水平，注册会计师应（　　）。

A. 重新了解内部控制
B. 重新执行符合测试
C. 重新确定重要性水平和可接受审计风险水平
D. 考虑是否追加相应的审计程序

6. 在审计计划阶段，若注册会计师期望的审计风险确定为4.5%，并评估被审计单位固有风险为60%，控制风险为60%，则注册会计师应承担的检查风险为（　　）。

A. 36%　　　　　　　　　　B. 162%
C. 2.7%　　　　　　　　　 D. 12.5%

7. 在理解重要性水平概念时，下列表述中，错误的是（　　）。

A. 重要性水平取决于在具体环境下对错报金额和性质的判断
B. 如果一项错报单独或连同其他错报可能影响财务报表使用者依据财务报表作出的经济决策，则该错报是重大的
C. 判断一项错报对财务报表是否重大，应当考虑对个别特定财务报表使用者产生的影响
D. 较小金额错报的累计结果，可能对财务报表产生重大影响

8. 在确定重要性水平时，下列各项中，通常不宜作为计算重要性水平基准的是（　　）。

A. 持续经营产生的利润　　　B. 非经常性收益
C. 费用总额　　　　　　　　D. 营业收入

9. 使用重要性水平，可能无助于实现（　　）的目的。

A. 确定风险评估程序的性质、时间安排和范围
B. 识别和评估重大错报风险
C. 确定进一步审计程序的性质、时间安排和范围
D. 确定重大不确定事项发生的可能性

10. 在审计风险模型中，"重大错报风险"是指（　　）。

A. 评估的财务报表层次的重大错报风险
B. 评估的认定层次的重大错报风险
C. 评估的与控制环境相关的重大错报风险
D. 评估的与财务报表存在广泛联系的重大错报风险

二、多项选择题

1. 注册会计师可能需要修改财务报表整体的重要性和特定类别的交易、账户余额或披露的重要性水平，以下原因恰当的有（   ）。

   A. 审计过程中情况发生重大变化

   B. 获取新信息

   C. 通过实施进一步审计程序，注册会计师对被审计单位及其环境的了解发生变化

   D. 依赖了更多实质性分析程序

2. 在审计风险模型中，以下有关检查风险的说法中，恰当的有（   ）。

   A. 在既定的审计风险水平下，可接受的检查风险与财务报表层次重大错报风险的评估结果呈正向关系

   B. 检查风险的控制效果取决于设计的审计程序的合理性和执行审计程序的有效性

   C. 注册会计师将可接受的检查风险水平降低会影响其审计程序

   D. 在审计风险确定的情况下，财务报表认定层次重大错报风险与可接受的检查风险呈反向关系

3. 下列关于重要性概念的理解中，不正确的有（   ）。

   A. 应当从性质和数量两个方面合理确定重要性水平

   B. 在根据被审计单位的特定情况考虑是否存在特定类别交易、账户余额或披露以确定其重要性时，注册会计师不需要考虑治理层和管理层的看法和预期

   C. 重要性水平越高，审计风险越高，重要性水平越低，审计风险越低

   D. 如果审计过程中情况发生重大变化，注册会计师可能需要修改财务报表整体的重要性水平和特定类别的交易、账户余额或披露的重要性水平

4. 在评价未更正错报的影响时，下列说法中，正确的有（   ）。

   A. 注册会计师需要累积明显微小错报

   B. 注册会计师应当从金额和性质两方面确定未更正错报是否重大

   C. 在评价未更正错报的影响之前，注册会计师可能有必要依据实际的财务结果对重要性水平作出修改

   D. 注册会计师应当考虑与以前期间相关的未更正错报对相关类别的交易、账户余额或披露以及财务报表整体的影响

5. 以下关于重大错报风险的说法中，恰当的有（   ）。

   A. 财务报表层次重大错报风险可以界定某类具体认定

   B. 财务报表层次重大错报风险可能影响多项认定

   C. 财务报表层次重大错报风险通常与控制环境有关

   D. 重大错报风险是财务报表在审计前存在重大错报的可能性，与审计项目组成员的经验无关

第八章 风险评估

 重点、讲解及典型例题

一、风险评估程序

注册会计师为了识别和评估财务报表重大错报风险,需要实施一定的程序来了解被审计单位及其环境,这些程序通常包括:

(1) 询问被审计单位管理层和内部其他相关人员。
(2) 实施分析程序。
(3) 观察和检查。
(4) 其他审计程序和信息来源。

【例题 8-1·多项选择题】 下列各项程序中,通常用作风险评估程序的有(   )。

A. 检查   B. 重新执行   C. 分析程序   D. 观察

【答案】 ACD

【解析】 重新执行不属于风险评估程序。

二、了解被审计单位及其环境

(1) 注册会计师对被审计单位及其环境的了解应包括以下几个方面:
① 行业、法律与监管环境以及其他外部因素。
② 被审计单位的性质。
③ 对会计政策的选择和运用。
④ 被审计单位的目标、战略和相关经营风险。
⑤ 被审计单位财务业绩的衡量和评价。
⑥ 被审计单位的内部控制。

(2) 了解被审计单位的内部控制。
① 内部控制包括五要素,即:内部环境、风险评估、信息与沟通、控制活动、内部监督。
② 注册会计师在了解内部控制时,应当评价控制的设计,并确定是否得到执行。
③ 对被审计单位内部控制的了解和评价分为从整体层面了解和评价以及从业务流程层面了解和评价。

【例题 8-2·单项选择题】 下列有关了解被审计单位及其环境的说法中,正确的是(   )。

A. 注册会计师无需在审计完成阶段了解被审计单位及其环境
B. 对小型被审计单位,注册会计师可以不了解被审计单位及其环境
C. 注册会计师对被审计单位及其环境了解的程度,取决于会计师事务所的质量控制政策
D. 注册会计师对被审计单位及其环境了解的程度,低于管理层为经营管理企业而对被审计单位及其环境需要了解的程度

【答案】 D

【解析】 了解被审计单位及其环境是必需的。

三、评估重大错报风险

评估重大错报风险是风险评估阶段的最后一个步骤。在了解被审计单位及其环境的过程中,通过各种风险评估程序获取的风险因素和抵消控制风险的信息,将全部用于对财务报表层次和认定层次的重大错报风险评估。

(1) 评估财务报表层次和认定层次的重大错报风险。
① 评估重大错报风险时考虑的因素。
② 评估重大错报风险的审计程序。
③ 识别两个层次的重大错报。
(2) 内部控制对风险评估的影响。
① 控制环境对评估财务报表层次重大错报风险的影响。
② 控制对评估认定层次重大错报风险的影响。
(3) 需要特别考虑的重大错报风险。
(4) 仅通过实质性程序无法应对的重大错报风险。
(5) 对风险评估的修正。

评估重大错报风险时应考虑的因素如表 8-1 所示。

表 8-1 重大错报风险评估时应考虑的因素

1. 已识别的风险是什么	
财务报表层次	(1) 源于薄弱的被审计单位层次内部控制或信息技术一般控制 (2) 特别风险 (3) 与管理层凌驾和舞弊相关的风险因素 (4) 管理层愿意接受的风险。例如,小企业因缺乏职责分离导致的风险
认定层次	(1) 与完整性、准确性、存在或计价相关的特定风险 (2) 可能产生多重错报的风险
相关内容控制程序	(1) 特别风险 (2) 用于预防、发现或减轻已识别风险的恰当设计并执行的内部控制程序
2. 错报(金额影响)可能发生的规模有多大	
财务报表层层次	什么事项可能导致财务报表重大错报?考虑管理层凌驾、舞弊、未预期事件和以往经验

(续表)

认定层次	考虑： (1) 内控的有效性 (2) 日常和例外事件
3. 事件（风险）发生的可能性多大	
财务报表层层次	考虑： (1) 来自高层的基调 (2) 管理层风险管理的方法 (3) 用的审计程序
认定层次	考虑： (1) 相关的内部控制活动 (2) 以往经验
相关内容控制程序	识别对于降低事件发生可能性非常关键的管理层风险应对要素

【例题 8-3·单项选择题】 下列关于经营风险对重大错报风险的影响的说法中，错误的是（   ）。

A. 多数经营风险最终都会产生财务后果，从而可能导致重大错报风险

B. 经营风险通常不会对财务报表层次重大错报风险产生直接影响

C. 经营风险可能对认定层次重大错报风险产生直接影响

D. 注册会计师在评估重大错报风险时，没有责任识别或评估对财务报表没有重大影响的经营风险

【答案】　B

【解析】　经营风险可能会间接导致企业出现重大错报风险。

思考与练习

一、单项选择题

1. 注册会计师组织项目组内部讨论的内容不包括（   ）。

A. 被审计单位所有内部控制是否存在并得到执行

B. 管理层是否凌驾于内部控制之上

C. 管理层是否存在倾向于高估或低估收入迹象

D. 确定财务报表哪些项目易于发生重大错报

2. 注册会计师了解被审计单位及其环境时，既与外部因素有关，又与内部因素有关的是（   ）。

A. 行业状况、法律与监管环境及其他外部因素

B. 被审计单位的性质、目标、战略及经营风险

C. 被审计单位财务业绩的衡量与评价

D. 被审计单位内部控制和对会计政策的选择和运用

3. 下列关于了解被审计单位内部控制的说法中，不正确的是（   ）。

A. 注册会计师需要了解和评价的内部控制只是与财务报表审计有关的内部控制，并非审计所有的控制

B. 除非存在某些可以使控制得到一贯运行的自动化控制，否则注册会计师对控制的不以执行的有效性

C. 注册会计师对内部控制了解的深度包括评价控制的设计，并确定其是否得行，包括对控制是否有效的执行的

D. 询问本身不足以评价控制的设计及确定其是否得到执行，注册会计师应将询问与其他风险评估程序结合使用

4. 下列关于内部控制的局限性的说法中，错误的是（   ）。

A. 内部控制无论如何有效，都只能为被审计单位实现财务报告目标提供合理保证

B. 决策时人为判断失误可能出现错误，并因人为失误导致内部控制失效

C. 控制可能由于两个人或更多的人员串通或管理层不当地凌驾于内部控制之上而被规避

D. 内部控制是针对所有发生的业务设置的，对全部业务均适用

5. 下列活动中，注册会计师认为不属于被审计单位的控制活动的是（   ）。

A. 授权　　　　　　　　　　B. 信息处理

C. 职责分离　　　　　　　　D. 被审计单位的风险评估过程

6. 在了解被审计单位及其环境时，注册会计师要了解被审计单位的性质。其中，对（   ）方面的了解最有助于注册会计师发现被审计单位在融资方面的压力，并进一步考虑被审计单位在可预见的未来的持续经营能力。

A. 经营活动　　B. 投资活动　　C. 筹资活动　　D. 治理结构

7. 关于审计测试流程，下列说法中，不恰当的是（   ）。

A. 在连续审计的情况下，注册会计师可以不必了解被审计单位及其环境

B. 风险评估程序贯穿审计的始终

C. 针对评估的认定层次重大错报风险设计和实施进一步审计程序

D. 无论评估的重大错报风险如何，注册会计师均需要对所有重大交易、账户余额和披露实施实质性程序

8. 下列情形中，最不适合采用人工控制的情形是（   ）。

A. 难以定义、防范或预见的错误　　　B. 大额、异常或偶发的交易

C. 监督自动化控制的有效性　　　　　D. 大量或重复发生的交易

9. 下列关于注册会计师了解企业的内部控制的说法中，错误的是（   ）。

A. 注册会计师在了解内部控制时，应当评价控制的设计，并确定其是否执行，包括对控制是否得到一贯执行的测试

B. 评价控制环境各个要素时，注册会计师应当考虑控制环境的各个要素是否执行

C. 控制环境本身并不能防止或发现并纠正各类交易、账户余额和披露认定层次的重大错报，注册会计师在评估重大错报风险时，应当将控制环境连同其他内部

控制要素产生的影响一并考虑

D. 在了解控制活动时，注册会计师应当重点考虑一项控制活动单独或连同其他控制活动，是否能够有效防止或发现并纠正重大错报

10. 下列各项中，与被审计单位财务报表层次重大错报风险评估最相关的是（   ）。

A. 被审计单位应收账款周转率呈明显下降趋势

B. 被审计单位持有大量高价值且易被盗窃的资产

C. 被审计单位的生产成本计算过程相当复杂

D. 被审计单位控制环境薄弱

二、多项选择题

1. 下列关于注册会计师了解控制活动时的说法中，正确的有（   ）。

A. 注册会计师应当了解与审计相关的控制活动

B. 如果多项控制活动能够实现同一控制目标，注册会计师不必了解与该目标相关的每项控制活动

C. 注册会计师应当了解被审计单位所有的与财务报表相关的控制活动

D. 注册会计师应当了解被审计单位所有的控制活动

2. 非常规交易导致特别风险的原因有（   ）。

A. 管理层更多地干预会计处理

B. 数据收集和处理进行更多的人工干预

C. 复杂的计算或会计处理方法

D. 非常规交易的性质可能使被审计单位难以对此产生的特别风险实施有效控制

3. 在确定风险的性质时，注册会计师应当考虑的事项包括（   ）。

A. 风险是否属于舞弊风险

B. 交易的复杂程度

C. 风险是否涉及重大的关联方交易

D. 风险是否涉及异常或超出正常经营过程的重大交易

4. 注册会计师应当要求参与项目组内部讨论的人员有（   ）。

A. 项目负责人   B. 关键审计人员

C. 聘请的特定领域专家   D. 项目质量控制复核人员

5. 注册会计师在了解被审计单位财务业绩衡量和评价情况时，应当关注（   ）等信息。

A. 关键业绩指标、关键比率、趋势和经营统计数据

B. 同期财务业绩比较分析

C. 是否采用激进的会计政策、方法、估计和判断

D. 被审计单位与竞争对手的业绩比较

第九章 风险应对

重点、讲解及典型例题

一、总体应对措施

(1) 针对财务报表层次重大错报风险的总体应对措施包括:
① 职业态度:职业怀疑态度。
② 经验与专长:分派更有经验或具有特殊技能的审计人员,或利用专家辅助工作。
③ 督导:提供更多的督导。
④ 审计程序的不可预见性:在选择进一步审计程序时,应当注意使某些程序不要被管理层预见或事先了解。
⑤ 程序的弹性:对拟实施审计程序的性质、时间和范围作出总体修改

(2) 增加审计程序不可预见性的思路:注册会计师可以通过增加审计程序提高审计程序的不可预见性。
① 对某些以前未测试的低于设定的重要性水平或风险较小的账户余额和认定实施实质性程序。
② 调整实施审计程序的时间,使其超出被审计单位的预期。
③ 采取不同的审计抽样方法,使当年抽取的测试样本与以前有所不同。
④ 选取不同的地点实施审计程序,或预先不告知被审计单位所选定的测试地点。

【例题9-1·单项选择题】 下列各项措施中,不能应对财务报表层次重大错报风险的是( )。

A. 扩大控制测试的范围
B. 在期末而非期中实施更多的审计程序
C. 增加审计程序的不可预见性
D. 增加拟纳入审计范围的经营地点数量

【答案】 A
【解析】 扩大范围不属于应对财务报表层次重大错报风险的措施。

二、进一步审计程序

针对认定层次重大错报风险的进一步审计程序如图9-1所示。
(1) 进一步审计程序的含义:进一步审计程序是指注册会计师针对评估的各类交易、

账户余额、披露认定层次重大错报风险实施的审计程序,包括控制测试和实质性程序。

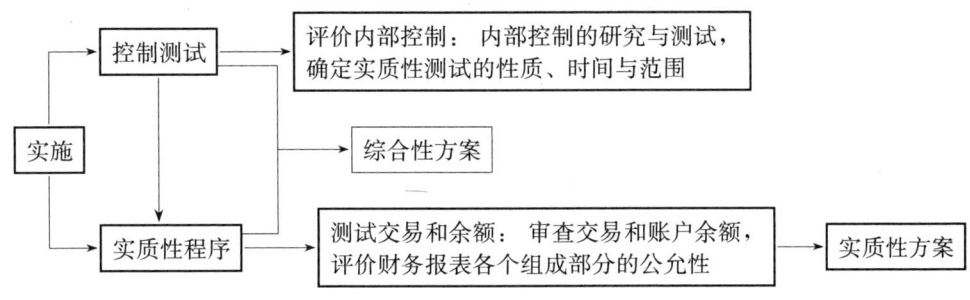

图 9-1 进一步审计程序

(2) 性质:进一步审计程序的性质是指进一步审计程序的目的和类型。其中,进一步审计程序的目的包括通过实施控制测试以确定内部控制运行的有效性,通过实施实质性程序以发现认定层次的重大错报;类型包括检查、观察、询问、函证等。

(3) 时间:进一步审计程序的时间是指注册会计师何时实施进一步审计程序,或审计证据适用的期间或时点。

注册会计师可以在期中或期末及期后实施进一步审计程序,何时实施必须根据审计的具体情况,运用职业判断来确定。如重大错报风险较高时,通常选择期末或接近期末实施实质性程序。与控制环境、错报风险的性质和审计证据适用的期间和时点有关。

(4) 范围:进一步审计程序的范围是指实施进一步审计程序的数量。进一步审计程序的范围的确定会受到重要性水平、评估的重大错报风险水平和可接受的审计风险水平等因素的影响。

【例题 9-2·单项选择题】 下列有关注册会计师实施进一步审计程序的时间的说法中,错误的是(   )。

A. 如果被审计单位的控制环境良好,注册会计师可以更多地在期中实施进一步审计程序

B. 注册会计师在确定何时实施进一步审计程序时需要考虑能够获取相关信息的时间

C. 对于被审计单位发生的重大交易,注册会计师应当在期末或期末以后实施实质性程序

D. 如果评估的重大错报风险为低水平,注册会计师可以选择资产负债表日前适当日期为截止日实施函证

【答案】 C

【解析】 重大错报风险较高时,通常选择期末或接近期末实施实质性程序。

三、控制测试

(1) 控制测试的含义。控制测试是指用于评价内部控制在防止或发现并纠正认定层次重大错报方面的运行有效性的审计程序。

了解内控、控制测试与实质性程序定义的区别如图9-2所示。

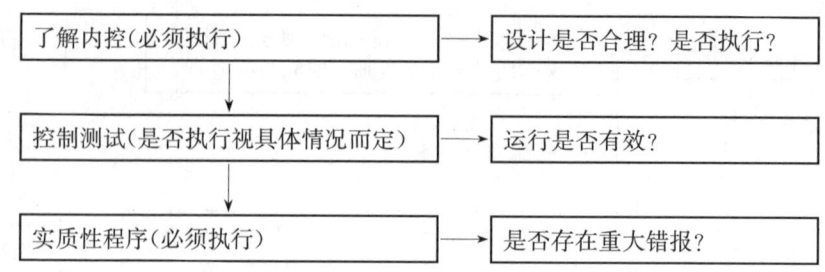

图9-2 了解内控、控制测试与实质性程序定义的区别

(2) 控制测试的要求。当存在下列情形之一时，注册会计师应当实施控制测试：①当评估认定层次重大错报风险时，预期控制的运行是有效的；②仅实施实质性程序不足以提供认定层次充分、适当的审计证据。

(3) 控制测试的性质、时间和范围。

控制测试采用的审计程序包括询问、观察、检查、重新执行和穿行测试。

控制测试的时间包含两层含义：一是何时实施控制测试；二是测试所针对的控制适用的时点或期间。

控制测试的范围主要是指某项控制活动的测试次数。注册会计师在确定某项控制的测试范围时通常考虑的因素包括：在整个拟信赖的期间，被审计单位执行控制的频率；在所审计期间，注册会计师拟信赖控制运行有效性的时间长度；为证明控制能够防止或发现并纠正认定层次重大错报所需获取审计证据的相关性和可靠性；通过测试与认定相关的其他控制获取的审计证据的范围；在风险评估时拟信赖控制运行有效性的程度；在控制测试中，对样本规模的影响因素及方向。

(4) 对特别风险的考虑：鉴于特别风险的特殊性，对于减轻特别风险的控制，不论该控制在本期是否发生变化，注册会计师都不应依赖以前审计获取的证据，应当在每次审计中都测试这类控制。

【例题9-3·单项选择题】 下列有关控制测试程序的说法中，正确的是（　　）。

A. 注册会计师应当将观察与其他审计程序结合使用

B. 将询问与检查或重新执行结合使用，可能比仅实施询问和观察获取更高水平的保证

C. 重新执行程序适用于所有控制测试

D. 检查程序适用于所有控制测试

【答案】 B

【解析】 仅仅询问和观察获得的证据可靠性较弱。

四、实质性程序

(1) 实质性程序的含义。实质性程序是指注册会计师针对评估的重大错报风险实施

的直接用于发现认定层次重大错报的审计程序。实质性程序包括对各类交易、账户余额和披露的细节测试以及实质性分析程序。

(2) 性质:实质性程序的性质是指实质性程序的类型及其组合。实质性程序的两种基本类型包括细节测试和实质性分析程序。

(3) 时间:实质性程序的时间与控制测试的时间选择类似,实质性程序也面临对本期和以前审计获取的审计证据的考虑。

(4) 范围:在确定实质性程序的范围时,注册会计师应当考虑评估的认定层次重大错报风险和实施控制测试的结果。注册会计师评估的认定层次的重大错报风险越高,需要实施实质性程序的范围越广,如果对控制测试的结果不满意,注册会计师应当考虑实质性程序的范围。

【例题9-4·单项选择题】 如果控制环境存在缺陷,注册会计师在对拟实施审计程序的性质、时间和范围做出总体修改时,应考虑在( )实施更多的审计程序。

A. 期初 B. 期中 C. 期末 D. 会计年度期初

【答案】 C

【解析】 错报风险高,在期末应实施更多的审计程序。

思考与练习

一、单项选择题

1. 下列关于特别风险的说法中,错误的是( )。
   A. 确定哪些风险是特别风险时,应当在考虑识别出的控制对相关风险的抵消效果前,根据风险的性质、潜在错报的重要程度和发生的可能性进行判断
   B. 特别风险通常与重大的非常规交易和判断事项相关
   C. 管理层未能实施控制以恰当应对特别风险,并不一定是表明内部控制存在重大缺陷的迹象
   D. 如果针对特别风险实施的程序仅为实质性程序,这些程序应当包括细节测试

2. 如果注册会计师在期中执行了控制测试,并获取了控制在期中运行有效性的审计证据,下列说法中,正确的是( )。
   A. 如果在期末实施实质性程序未发现某项认定存在错报,说明与该项认定相关的控制是有效的,不需要再对相关控制进行测试
   B. 如果某一控制在剩余期间内发生变动,在评价整个期间的控制运行有效性时,无需考虑期中测试的结果
   C. 对某些自动化运行的控制,可以通过测试信息系统一般控制的有效性获取控制期间运行有效性的审计证据
   D. 如果某一控制在剩余期间内未发生变动,不需要补充剩余期间控制运行有效性的审计证据

3. 在利用以前年度获取的审计证据时，下列说法中，错误的是（   ）。

A. 对于不属于旨在减轻特别风险的控制，如果在本年未发生变化，且上年经测试运行有效，本次审计中无需测试

B. 对于旨在减轻特别风险的控制，如果在本年未发生变化，可以依赖上年的结果

C. 如果相关事项未发生重大变化，则上年通过实质性测试获取的审计证据可能可以作为本年的有效审计证据

D. 一般而言，上年通过实质性测试获取的审计证据对本年只有很弱的证据效力或没有证据效力

4. 在控制检查风险时，注册会计师应当采取的有效措施是（   ）。

A. 调高重要性水平

B. 测试内部控制的有效性，以降低控制风险

C. 进行穿行测试，以降低固有风险

D. 合理设计和有效实施进一步审计程序

5. 在确定控制活动是否能够防止或发现并纠正重大错报时，下列审计程序中可能无法实现这一目的的是（   ）。

A. 询问员工执行控制活动的情况

B. 使用高度汇总的数据实施分析程序

C. 观察员工执行的控制活动

D. 检查文件和记录

二、多项选择题

1. 如果注册会计师已获取有关控制在期中运行有效性的审计证据，通常还应实施的审计程序有（   ）。

A. 获取这些控制在剩余期间变化情况的审计证据

B. 仅获取这些控制在期末运行有效性的审计证据

C. 获取信息技术一般控制变化情况的审计证据

D. 确定针对剩余期间还需获取的补充审计证据

2. 对于以前审计获取的有关下列控制运行有效性的审计证据，注册会计师在本期审计中通常不能直接利用的有（   ）。

A. 技术一般控制

B. 自动化应用控制

C. 自上次测试后已发生变化的控制

D. 旨在减轻特别风险的控制

3. 在测试内部控制的运行有效性时，注册会计师应当获取的审计证据有（   ）。

A. 控制是否存在

B. 控制在所审计期间不同时点是如何运行的

C. 控制是否得到一贯执行

D. 控制由谁执行

4. 在确定控制测试的性质时，注册会计师正确的做法有（   ）。

A. 当拟实施的进一步审计程序以控制测试为主时，应当获取有关控制运行有效性的更高保证水平的审计证据

B. 根据特定控制的性质选择所需实施审计程序的类型

C. 询问本身不足以测试控制运行的有效性，应当与其他审计程序结合使用

D. 考虑测试与认定直接相关和间接相关的控制

5. 在确定控制测试的范围时，注册会计师正确的做法有（   ）。

A. 在风险评估时对控制运行有效性的拟信赖程度较高，通常应当考虑扩大实施控制测试的范围

B. 如果控制的预期偏差率较高，通常应当考虑扩大实施控制测试的范围

C. 对于一项持续有效运行的自动化控制，通常应当考虑扩大实施控制测试的范围

D. 如果拟信赖控制运行有效性的时间长度较长，通常应当考虑扩大实施控制的范围

第十章 审计抽样

重点、难点讲解及典型例题

一、审计抽样概述

1. 审计抽样的定义

审计抽样是指注册会计师对具有审计相关性的总体中低于百分之百的项目实施审计程序,使所有抽样单元都有被选取的机会,为针对整个总体得出结论提供合理基础。其中,抽样单元是指构成总体的个体项目;总体是指注册会计师从中选取样本并期望据此得出结论的整个数据集合。

2. 审计抽样的种类

(1) 根据抽样决策的依据不同,审计抽样可分为统计抽样和非统计抽样两种。统计抽样能够客观地计量抽样风险,并通过调整样本规模精确地控制风险,这是与非统计抽样最重要的区别。

(2) 根据注册会计师所了解的总体特征的不同,审计抽样可分为属性抽样和变量抽样。

3. 抽样风险与非抽样风险

抽样风险是指注册会计师根据样本得出的结论,与对总体全部项目实施与样本同样的审计程序得出的结论存在差异的可能性。

非抽样风险是指某些与样本规模无关的因素导致注册会计师得出错误结论的可能,是注册会计师由于任何与抽样风险无关的原因而得出错误结论的风险。非抽样风险是由人为错误造成的,因而可以降低、消除或防范。虽然在任何一种抽样方法中注册会计师都不能量化非抽样风险,但通过采取适当的质量控制政策和程序,对审计工作进行适当的指导、监督与复核,以及对审计实务的适当改进,可以将非抽样风险降至可以接受的水平。

抽样风险与审计程序如表 10-1 所示。

表 10-1　抽样风险与审计程序

测试种类	影响审计效率的风险	影响审计结果的风险
控制测试	信赖不足风险	信赖过度风险
细节测试	误拒风险	误受风险

【例题 10-1·单项选择题】 下列有关信赖过度风险的说法中，正确的是（ ）。

A. 信赖过度风险属于非抽样风险
B. 信赖过度风险影响审计效率
C. 信赖过度风险与控制测试和细节测试均相关
D. 注册会计师可以通过扩大样本规模降低信赖过度风险

【答案】 D

【例题 10-2·多项选择题】 下列有关抽样风险的说法中，正确的有（ ）。

A. 误受风险和信赖过度风险影响审计效果
B. 误受风险和信赖不足风险影响审计效果
C. 误拒风险和信赖不足风险影响审计效率
D. 误拒风险和信赖过度风险影响审计效率

【答案】 AC

4. 样本的设计

影响样本规模的因素，如表 10-2 所示。

表 10-2 影响样本规模的因素

影响因素	控制测试	细节测试	与样本规模的关系
可接受的抽样风险	可接受的信赖过度风险	可接受的误受风险	反向变动
可容忍误差	可容忍偏差率	可容忍错报	反向变动
预计总体误差	预计总体偏差率	预计总体错报	同向变动
总体变异性	—	总体变异性	同向变动
总体规模	总体规模	总体规模	影响很小

5. 样本的选取

在选取样本项目时，注册会计师应当使总体中的所有抽样单元均有被选取的机会。主要方法有简单随机选样、系统选样和随意选样，这些方法均可选出代表性样本。简单随机选样和系统选样属于随机基础选样方法，即对总体的所有项目按随机规则选取样本，因而可以在统计抽样中和非统计抽样中使用。而随意选样虽然也可以选出代表性样本，但它属于非随机基础选样方法，因而不能在统计抽样中使用，只能在非统计抽样中使用。

6. 评价样本结果

评价样本结果的流程如下：

分析样本误差→根据样本结果推断总体→形成审计结论

（1）在控制测试中，注册会计师应当将总体偏差率与可容忍偏差率比较，但必须考虑抽样风险。偏差率上限估计值计算公式如下：

偏差率上限估计值＝总体偏差率＋抽样风险允许限度

(2) 在细节测试中，注册会计师首先必须根据样本中发现的实际错报要求被审计单位调整账面记录金额，将被审计单位已更正的错报从推断的总体错报金额中减掉后，注册会计师应当将调整后的推断总体错报与该类交易或账户余额的可容忍错报相比较，但必须考虑抽样风险。总体错报上限计算公式如下：

$$总体错报上限 = 总体错报（调整后）+ 抽样风险允许限度$$

二、控制测试中抽样技术的运用

（1）在控制测试使用统计抽样方法——评价样本结果阶段，如表10-3所示。

表10-3 控制测试中使用统计抽样方法

计算总体偏差率	总体偏差率＝样本偏差率＝样本偏差数量÷样本规模	
考虑抽样风险	公式法：$\dfrac{总体偏差率}{上限}$＝风险系数÷样本规模＝总体偏差率＋抽样风险允许限度	
	查表法：使用样本结果评价表	
统计抽样结果评价与结论	评价	结果
	总体偏差率上限"低于"可容忍偏差率	总体可以接受
	总体偏差率上限低于但接近可容忍偏差率	"考虑是否接受"总体，并考虑是否需要扩大测试范围
	总体偏差率上限"大于或等于"可容忍偏差率	总体不能接受，修正重大错报评估水平，并增加实质性程序的数量；或对其他控制进行测试，以支持计划的重大错报风险评估水平

（2）在控制测试使用非统计抽样方法——评价样本结果阶段。在非统计抽样中，注册会计师同样将样本的偏差率作为总体偏差率的最佳估计。但在非统计抽样中，抽样风险无法直接计量，注册会计师通常将样本偏差率（即估计的总体偏差率）与可容忍偏差率相比较，以判断总体是否可以接受。

三、实质性程序中抽样技术的运用

（1）在实质性程序中，审计抽样只能在实施细节测试时使用。注册会计师既可能使用统计抽样方法，也可能使用非统计抽样方法，其中，在细节测试中使用的统计抽样方法主要包括传统变量抽样和概率比例规模抽样。

（2）传统变量抽样主要包括三种具体的方法：差额估计抽样、均值估计抽样和比率估计抽样。如果未对总体进行分层，注册会计师通常不使用均值估计抽样，因为此时所需的样本规模可能太大，以至于对一般的审计而言不符合成本效益原则。比率估计抽样和差额估计抽样都要求样本项目存在错报。如果样本项目的审定金额和账面金额之间没有差异，这两种方法使用的公式所隐含的机理就会导致错误的结论。因此，注册会计师可以根据不同的审计环境采用不同的变量抽样方法。

(3) 实质性程序审计抽样的步骤：明确审计目标及审计程序、定义总体和抽样单元、定义审计程序所适用的错报状态、确定可容忍错报、确定可接受的误报风险、估计总体错报水平、估计预期误差因子、确定样本规模、选取样本、执行审计程序并审计结果

【例题10-3·单项选择题】 在运用审计抽样实施细节测试时，下列情形中，对中体进行分层可以提高抽样效率的是（　　）。

A. 总体规模较大　　　　　　B. 预计总体错报较高
C. 总体变异性较大　　　　　D. 误拒风险较高

【答案】　C

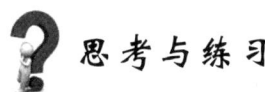

思考与练习

一、单项选择题

1. 审计抽样既可以用于控制测试，又可以用于实质性程序，在下列具体审计程序中，适宜采用审计抽样的是（　　）。

   A. 询问　　　B. 细节测试　　　C. 分析程序　　　D. 观察

2. 注册会计师获取审计证据时可能使用三种目的的审计程序：风险评估程序、控制测试和实质性程序，下列属于注册会计师拟实施的审计程序中通常可以使用审计抽样的是（　　）。

   A. 当控制的运行未留下轨迹时的控制测试
   B. 实质性分析程序
   C. 风险评估程序
   D. 当控制的运行留下轨迹时的控制测试

3. 注册会计师在控制测试中使用统计抽样，估计的总体偏差率上限低于但接近可容忍偏差率，则其应得出的结论和采取的措施为（　　）。

   A. 注册会计师应确认总体可接受，不用采取任何措施
   B. 注册会计师应确认总体不可接受，并修正重大错报风险评估水平，增加实质性程序的数量
   C. 注册会计师应确认总体不可接受，并对影响重大错报风险评估水平的其他控制进行测试，以支持计划的重大错报风险评估水平
   D. 注册会计师应当结合其他审计程序的结果，考虑是否接受总体，并考虑是否需要扩大测试范围

4. 在控制测试中，确定样本规模时一般不需要考虑（　　）。

   A. 预计总体误差　　　　　　B. 可容忍误差
   C. 可接受的抽样风险　　　　D. 总体变异性

5. 在未对总体进行分层的情况下，注册会计师不宜使用的抽样方法是（　　）。

A. 均值估计抽样　　　　　　　　B. 比率估计抽样
C. 差额估计抽样　　　　　　　　D. 概率比例规模抽样

6. 下列各项中，不属于审计抽样基本特征的是（　　）。
A. 对具有审计相关性的总体中低于百分之百的项目实施审计程序
B. 可以根据样本项目的测试结果推断出有关抽样总体的结论
C. 所有抽样单元都有被选取的机会
D. 可以基于某一特征从总体中选出特定项目实施审计程序

7. 注册会计师在将统计抽样用于细节测试时，如果（　　），则可以接受抽样总体，认为所测试的交易或账户余额不存在重大错报。
A. 计算的总体错报上限低于但很接近可容忍错报
B. 调整后的总体错报低于但很接近可容忍错报
C. 样本偏差率远远低于可容忍偏差率
D. 估计的样本偏差率上限低于但接近于可容忍偏差率

8. 下列各项审计程序中，通常采用审计抽样的是（　　）。
A. 风险评估程序　　　　　　　　B. 控制测试
C. 实质性分析程序　　　　　　　D. 穿行测试

9. 注册会计师由于执行了与审计目标不符的审计程序，导致财务报表有重大错报未被发现，这种审计风险属于（　　）。
A. 非抽样风险　　　　　　　　　B. 误受风险
C. 抽样风险　　　　　　　　　　D. 信赖过度风险

10. 在统计抽样中，如果总体误差上限低于可容忍误差时，注册会计师应（　　）。
A. 不接受总体　　　　　　　　　B. 接受总体
C. 判断是否接受总体　　　　　　D. 尚不能得出结论

二、多项选择题

1. 下列有关统计抽样和非统计抽样的提法中，正确的有（　　）。
A. 在统计抽样中，由于不需要注册会计师的主观判断，所以统计抽样比非统计抽样更为有效
B. 在统计抽样与非统计抽样方法之间进行选择时需要考虑成本效益原则
C. 采用统计抽样与非统计抽样选取样本时，都可采用随机选样的方法
D. 采用统计抽样还是非统计抽样，会影响到注册会计师所实施的审计程序

2. 注册会计师采用统计抽样的方法对控制测试抽样结果进行评价时，如果总体偏差率上限大于或等于可容忍偏差率，则注册会计师（　　）。
A. 不能接受总体
B. 应当扩大控制测试范围
C. 修正重大错报风险评估水平，并增加实质性程序的数量

D. 对影响重大错报风险评估水平的其他控制进行测试，以支持计划的重大错报风险评估水平

3. 如果注册会计师决定在对应收账款实施实质性程序时使用统计抽样方法，而且预计将会发现少量的差异，则会考虑使用的统计抽样方法有（　　）。

A. 比率估计抽样　　　　　　　　B. 均值估计抽样
C. 差额估计抽样　　　　　　　　D. 概率比例规模抽样法

4. 下列关于 PPS 抽样的表述中，正确的有（　　）。

A. PPS 抽样是以货币单位作为抽样单元进行选样的一种方法
B. 在该方法下总体中的每个货币单位被选中的机会相同，所以总体中某一项目被选中的概率等于该项目的金额与总体金额的比率
C. 项目金额越大，被选中的概率就越大
D. 实际上注册会计师并不是对总体中的货币单位实施检查，而是对包含被选取货币单位的余额或交易实施检查

5. 下列有关审计抽样的表述中，注册会计师认同的有（　　）。

A. 统计抽样能够减少审计过程中的专业判断
B. 统计抽样和非统计抽样均不能减少注册会计师对样本的专业判断
C. 审计抽样方法适用于未留下运行轨迹的控制测试、细节测试
D. 对可信赖程度要求越高，需选取的样本量就应越大

6. 下列有关控制测试中对样本结果评价的表述中，正确的有（　　）。

A. 在统计抽样中，如果估计的总体偏差率上限低于可容忍偏差率，则总体可以接受
B. 在统计抽样中，如果估计的总体偏差率上限大于或等于可容忍偏差率，则总体不能接受
C. 在统计抽样中，如果总体错报上限大于或等于可容忍错报，则总体不能接受
D. 如果估计的总体偏差率上限低于但接近可容忍偏差率，注册会计师应当结合其他审计程序的结果，考虑是否接受总体，并考虑是否需要扩大测试范围，以进一步证实计划评估的控制有效性和重大错报风险水平

7. 在细节测试中，注册会计师根据抽样结果，采用非统计抽样估计了总体错报金额，且对已发现的错报都已建议被审计单位进行调整，被审计单位接受注册会计师的建议调整后的错报金额小于但接近于可容忍错报，则注册会计师下列做法中正确的有（　　）。

A. 认为所测试的交易或账户余额不存在重大错报
B. 提请被审计单位对错报进行调查，考虑其是否应予以进一步调整
C. 修改进一步审计程序的性质、时间安排和范围
D. 出具保留意见的报告

8. 下列有关统计抽样和非统计抽样的提法中，正确的有（　　）。

A. 在统计抽样中，由于不需要注册会计师的主观判断，所以统计抽样比非统计抽样更为有效

B. 在统计抽样与非统计抽样方法之间进行选择时需要考虑成本效益原则

C. 采用统计抽样与非统计抽样选取样本时，都可采用随机选样的方法

D. 采用统计抽样还是非统计抽样，会影响到注册会计师所实施的审计程序

9. 审计抽样应当具备的三个基本特征有（　　）。

A. 选样方法能够计量并控制审计风险在可接受的水平

B. 所有抽样单元都有被选取的机会

C. 审计测试的目的是评价该账户余额或交易类型的某一特征

D. 对某类交易或账户余额中低于100%的项目实施审计程序

三、简答题

B注册会计师对X制造公司的产成品成本进行审查时获得如下资料：全年共生产2 000批产品，入账成本为5 900 000元，审计人员抽取其中的200批产品作为样本，其账面总价值为600 000元，审查时发现200批产品中有52批产品成本不实，样本的审定价值为582 000元。

要求：试运用下列各种抽样审计方法（均值估计抽样、比率估计抽样、差额估计抽样）（暂不考虑可容忍误差和可信赖程度），估计该年度产品的总成本。

第十一章 完成审计工作

 重点、难点讲解及典型例题

一、审计完成阶段的主要内容

1. 审计差异

审计项目组成员在审计中发现的被审计单位的会计处理方法与企业会计准则的不一致称为审计差异,审计项目经理应根据审计重要性原则予以初步确定并汇总,并建议被审计单位进行调整,使经审计的财务报表所载的信息能够公允地反映被审计单位的财务状况、经营成果和现金流量。

对审计差异的"初步确定并汇总"直至形成"经审计的财务报表"的过程,主要是通过编制审计差异调整表和试算平衡表完成的。

审计差异按是否需要调整账户记录可分为核算错误和重分类错误。核算错误是因企业对经济业务进行了不正确的会计核算而引起的错误;重分类错误是因企业未按企业会计准则列报财务报表而引起的错误。

试算平衡表是注册会计师在被审计单位提供未审财务报表的基础上,考虑账项调整分录、重分类调整分录等内容以确定已审数与报表披露数的表式。在编制完试算平衡表后,应注意核对相应的勾稽关系。

2. 评价审计结果

评价审计结果有两项工作:一是对重要性和审计风险进行最终的评价;二是对被审计单位已审计的财务报表形成审计意见并草拟审计报告。

3. 与治理层沟通

与治理层沟通的内容包括:注册会计师与财务报表审计相关的责任;计划的审计范围和时间安排的总体情况;审计工作中发现的问题;审计师独立性。

二、审计工作的复核

1. 复核的层次

会计师事务所对审计工作底稿的复核可以分为两个层次:项目组内部复核和独立的项目质量复核。

项目组内部复核又分为以下两个层次:一是审计项目经理的现场复核,审计项目经理在审计过程进行中对工作底稿的复核属于第一层复核,这层复核主要是评价已完成的审计工作、所获得的证据和工作底稿编制人员形成的结论；二是项目合伙人的复核，该复核既是对审计项目经理复核的再监督，也是对重要审计事项的重点把关。

项目质量复核是指审计机构挑选不参与该业务的人员，在出具报告前，对项目组作出的重大判断和在准备报告时形成的结论作出客观评价的过程。项目质量复核也称独立复核。

2. 主要区别

（1）复核主体不同。项目组复核是项目组内部进行的复核（包括项目负责人亲自实施的复核），而项目质量复核则是注册会计师指派不参与该业务的人员，独立地对特定审计业务实施的复核，后者的独立性和客观性明显更高。

（2）复核对象不同。对每项审计业务，项目组都应当实施项目组内部复核，而会计师事务所只对特定审计业务独立实施项目组质量复核。

（3）复核要求不同。项目组对每项业务实施的复核比较详细具体。会计师事务所针对特定业务实施的项目质量复核应当突出重点，包括客观评价下项目组作出的重大判断和准备审计报告时得出的结论。

【例题 11-1·多项选择题】 下列各项中，上市实体的项目质量控制复核人应当执行的有（　　）。

A. 与项目合伙人讨论重大事项

B. 复核与重大错报风险相关的所有审计工作底稿

C. 复核财务报表和拟出具的审计报告

D. 考虑项目组就具体审计业务对会计师事务所独立性作出的评价

【答案】　ACD

【例题 11-2·单项选择题】 下列有关项目合伙人复核的说法中，错误的是（　　）。

A. 项目合伙人无须复核所有审计工作底稿

B. 项目合伙人通常需要复核项目组对关键领域所做的判断

C. 项目合伙人应当复核与重大错报风险相关的所有审计工作底稿

D. 项目合伙人应当在审计工作底稿中记录复核的范围和时间

【答案】　C

三、书面声明

1. 书面声明的定义

书面声明是指管理层向注册会计师提供的书面陈述，用以确认某些事项或支持其他审计证据。书面声明不包括财务报表及其认定，以及支持账簿和相关记录。尽管书面声明提供必要的审计证据，但其本身并不为所涉及的任何事项提供充分、适当的审计证据。而且，管理层已提供可靠书面声明的事实，并不影响注册会计师就管理层责任履行情况或具体认定获取的其他审计证据的性质和范围。

2. 书面声明的内容

针对管理层责任的书面声明，应该包括两个方面的内容：针对财务报表的编制，注册会计师应当要求管理层提供书面声明，确认其根据审计业务约定条款，履行了按照适用的财务报告编制基础编制财务报表并使其实现公允反映（如适用）的责任；针对提供的信息和交易的完整性，注册会计师应当要求管理层按照审计业务约定条款，已向注册会计师提供所有相关信息，并允许注册会计师不受限制地接触所有相关信息以及被审计单位内部人员和其他相关人员，所有交易均已记录并反映。

如果管理层不提供要求的一项或多项书面声明，注册会计师应当：与管理层讨论该事项；重新评价管理层的诚信，并评价该事项对书面或口头声明和审计证据总体的可靠性可能产生的影响；采取适当措施，确定该事项对审计意见可能产生的影响。

【例题 11-3·单项选择题】 下列书面文件中，注册会计师认为可以作为书面声明的是（ ）。

A. 董事会会议纪要

B. 财务报表副本

C. 注册会计师列示管理层责任并经被审计单位管理层确认的信函

D. 内部法律顾问出具的法律意见书

【答案】 C

思考与练习

一、单项选择题

1. 以下各项中，复核制度独立性最强的是（ ）。
   A. 项目经理的现场复核　　　　B. 项目合伙人的复核
   C. 独立的质量复核　　　　　　D. 项目经理的重点复核

2. 在评价未更正错报的影响时，下列说法中，注册会计师认为错误的有（ ）。
   A. 未更正错报的金额不得超过明显微小错报的临界值
   B. 注册会计师应当从金额和性质两方面确定未更正错报是否重大
   C. 注册会计师应当要求被审计单位更正未更正错报
   D. 注册会计师应当考虑与以前期间相关的未更正错报对相关类别的交易、账户余额或披露以及财务报表整体的影响

3. 下列书面文件中，注册会计师认为可以作为书面声明的是（ ）。
   A. 董事会会议纪要
   B. 财务报表副本
   C. 注册会计师列示管理层负责并经公司管理层确认的信函
   D. 内部法律顾问出具的法律意见书

4. 下列关于管理层书面声明的说法中，正确的是（ ）。
   A. 书面声明是指管理层向注册会计师提供的书面陈述，用以确认某些事项或支持其他审计证据，书面声明通常也可以包括财务报表及其认定，以及支持性账簿

和相关记录

B. 书面声明可以提供必要的审计证据，特别是针对管理层的判断或意图等事项，所以其本身可以为所涉及的财务报表的特定认定提供充分、适当的审计证据

C. 如果未从管理层获取其确认已履行的责任，注册会计师也可以通过在审计过程中获取其他有关管理层已履行这些责任的充分、适当的审计证据

D. 在管理层签署书面声明前，注册会计师不能发表审计意见，也不能签署审计报告

5. 下列有关完成审计工作的相关表述中，正确的是（   ）。

A. 对审计中发现的核算错误，正确编制审计差异调整表的关键是如何运用审计实质重于形式的原则来划分建议调整的不符事项与未调整不符事项

B. 对审计中发现的核算错误，正确编制审计差异调整表的关键是如何运用审计重要性原则来划分建议调整的不符事项与未调整不符事项

C. 项目负责经理对审计工作底稿的全面复核主要是对重要审计事项的重点把关

D. 对于单笔核算错误大大低于所涉及财务报表项目（或账项）层次重要性水平，并且性质不重要的，注册会计师直接将其视为未调整不符事项

6. 下列有关获取书面声明的说法中，不正确的是（   ）。

A. 书面声明属于来自被审计单位内部的证据，证明力较弱

B. 对获取的管理层对重大事项的声明，注册会计师在必要时，应将对声明事项的重要性的理解告知管理层

C. 书面声明的日期应为财务报表公布日

D. 注册会计师不应以管理层声明替代能够合理预期获取的其他审计证据

7. 如果注册会计师对管理层的诚信产生重大疑虑，以至于认为其作出的书面声明不可靠，注册会计师应当（   ）。

A. 与管理层讨论该事项

B. 修改进一步审计程序的性质、时间安排和范围

C. 对财务报表出具无法表示意见的审计报告

D. 对财务报表出具保留意见的审计报告

8. A 注册会计师要求甲公司提供承担财务报表编制责任的书面声明，但是甲公司表示财务报表是上任的财务总监负责编制的，由于财务总监已经离职，所以现任公司管理层对于该报表不承担编制责任，拒绝提供相应的书面声明，但是愿意签署经过审计的财务报表。则注册会计师的做法正确的是（   ）。

A. 应当将其视为审计范围受到限制，出具保留意见或否定意见的审计报告

B. 应当解除业务约定

C. 应当将其视为审计范围受到限制，出具保留意见或无法表示意见的审计报告

D. 应当通知甲公司治理层，由治理层提供必要的声明

9. 下列有关审计工作底稿复核的表述中，正确的是（   ）。

A. 对审计工作底稿的复核可分为两个层次，包括项目组内部复核和项目合伙人的质量控制复核

B. 项目质量控制复核需在出具报告后 60 天内完成

C. 审计项目经理对审计工作底稿的复核是最详细的复核

D. 独立的项目质量控制复核可减轻项目组的责任，消除妨碍注册会计师判断的偏见

10. 项目质量控制复核是指在出具报告前，对项目组作出的重大判断和在准备报告时形成的结论作出客观评价的过程，以下对项目质量控制复核的表述中，不恰当的是（　　）。

A. 严格保持整体审计工作质量的一致性，确认该审计工作已达到会计师事务所的工作标准

B. 可以确保审计意见的恰当性，消除审计风险，作出符合事实的审计结论

C. 实施对审计工作结果的最后质量控制，能避免对重大审计问题的遗留或对具体审计工作理解不透彻等情况，从而形成与审计工作结果相一致的审计意见

D. 可以消除妨碍注册会计师正确判断的偏见，作出符合事实的审计结论

二、多项选择题

1. 审计差异按是否需要调整账户记录可分为（　　）。

A. 故意错误　　　　　　B. 重分类错误

C. 核算错误　　　　　　D. 无意错误

2. 会计师事务所通常采用的项目质量控制复核方法包括（　　）。

A. 与项目负责人进行讨论

B. 复核财务报表或其他业务对象信息及报告，尤其考虑报告是否适当

C. 选取与项目组作出重大判断及形成结论有关的工作底稿进行复核

D. 复核有关处理和解决重大疑难问题或争议事项形成的工作底稿

3. 在完成审计工作阶段，注册会计师需要评价审计结果，主要为了确定将要发表的审计意见的类型以及在整个审计工作中是否遵循了审计准则，此阶段注册会计师必须完成的两项工作包括（　　）。

A. 对被审计单位已审计财务报表形成审计意见并草拟审计报告

B. 实施控制测试

C. 修改审计计划阶段确定的财务报表层次重要性水平

D. 对重要性水平和审计风险进行最终的评价

4. 注册会计师应当与治理层沟通审计工作中发现的问题包括（　　）。

A. 注册会计师对被审计单位会计实务（包括会计政策、会计估计和财务报表披露）重大方面的质量的看法

B. 审计工作中遇到的重大困难

C. 已与管理层讨论或需要书面沟通的、审计中出现的重大事项，以及注册会计师要求提供的书面声明，除非治理层全部成员参与管理被审计单位

D. 审计中出现的、根据职业判断认为对监督财务报告过程重大的其他事项

5. 在项目组内部复核中，最高级别的复核执行人员不是（   ）。
   A. 项目经理　　　B. 项目合伙人　　　C. 项目经理　　　D. 主任会计师

6. 在出具审计报告之前对审计工作底稿进行独立复核的意义包括（   ）。
   A. 对审计工作结果实施最后的质量控制
   B. 及时发现和解决问题，争取审计工作的主动
   C. 确认审计工作已达到会计师事务所的工作标准
   D. 消除妨碍注册会计师判断的偏见

7. 关于项目质量控制复核人员客观性的保持，以下政策可行的有（   ）。
   A. 如果可行，不由项目合伙人挑选
   B. 在复核期间不以其他方式参与该业务
   C. 不代替项目组进行决策
   D. 确保不存在可能损害复核人员客观性的其他情形

三、案例讨论题

W 会计师事务所接受委托，负责审计上市公司 M 公司 2022 年度财务报表，并委派 A 注册会计师担任审计项目合伙人。在制订审计计划时，A 注册会计师根据其审计 M 公司的多年经验，认为 M 公司 2022 年度财务报表不存在重大错报风险，应当直接实施进一步审计程序。在审计过程中，A 注册会计师要求项目组成员之间相互复核工作底稿，并委派其所在业务部的 B 注册会计师负责 M 公司项目质量控制复核。项目组内部在某项重大问题上存在分歧，经主任会计师批准，A 注册会计师出具了审计报告。在审计报告出具后，B 注册会计师随机选取若干份工作底稿进行了复核，没有发现重大问题。

要求：针对上述情形，指出存在哪些可能违反审计准则和质量控制准则的情况，并简要说明理由。

第十二章 审计报告

 重点、难点讲解及典型例题

一、审计报告概述

1. 审计报告的定义

审计报告是指注册会计师根据注册会计师审计准则的规定,在执行审计工作的基础上,对被审计单位财务报表发表审计意见的书面文件。它是注册会计师在完成审计工作后向委托人提交的最终产品。

2. 审计报告的种类

按审计报告使用的目的不同分类:公布目的的审计报告和非公布目的的审计报告;按审计报告的详略程度不同分类:简式审计报告和详式审计报告;按审计报告的撰写主体不同分类:国家审计报告、内部审计报告和注册会计师审计报告;按审计意见的类型不同分类:标准审计报告、带强调事项段的无保留意见的审计报告、保留意见的审计报告、否定意见的审计报告、无法表示意见的审计报告。

3. 审计报告的要素

审计报告的要素包括:标题;收件人;审计意见;形成审计意见的基础;管理层对财务报表的责任;注册会计师对财务报表审计的责任;按照相关法律法规的要求报告的事项(如适用);注册会计师的签名和盖章;会计师事务所的名称、地址和盖章;报告日期。

二、审计报告的内容与格式

审计报告分为标准审计报告和非标准审计报告,标准审计报告是指不含有说明段、强调事项段、其他事项段和其他任何修饰性用语的无保留意见的审计报告,非标准审计报告是指带强调事项段或其他事项段的审计报告和非无保留意见的审计报告。

带强调事项段的无保留意见的审计报告:注册会计师发表无保留意见,但需要附加说明段、强调事项段或一些修饰性用语时所出具的审计报告。

保留意见是指注册会计师对财务报表的反映有所保留的审计意见,注册会计师认为被审计单位财务报表总体是公允的,但对某些事项有所保留,且这些保留事项不足以影响对财务报表总体意见的表述。

否定意见表明被审计单位财务报表整体没有按照企业会计准则和企业会计制度的规

定，公允地反映被审计单位的财务状况、经营成果和现金流量。

无法表示意见表明审计范围受到限制可能产生的影响非常重大和广泛，注册会计师不能获取充分、适当的审计证据，以至无法对财务报表是否公允反映形成审计意见。

选择审计报告意见类型的决策步骤，包括：

① 确定是否存在需要偏离"标准审计报告"的任何情况。
② 决定每个情况的重要性程度。
③ 根据偏离情况的重要性程度，决定适当的审计意见类型和审计报告类型。

重要性水平是考虑审计报告类型的主要因素，重要性水平取决于在具体环境下对错报金额和性质的判断，如果一项错报单独或连同其他错报可能影响财务报表使用者依据财务报表作出的经济决策，则该错报是重大的。因此，确定重要性水平时应当考虑错报金额和性质两个方面，同时，当审计范围受到限制时，还需要考虑审计范围受到限制的程度。重要性水平和审计报告类型之间的关系如表12-1所示。

表 12-1 重要性水平和审计报告类型之间的关系

重要性水平	从正常使用者的决策角度考察重要性水平	审计报告类型
不重要	不影响财务报表使用者的决策，且无强调事项	标准审计报告
不重要	不影响财务报表使用者的决策，但有强调事项	带强调事项段的无保留意见的审计报告
重要	在某些方面影响财务报表使用者的决策，但就财务报表整体而言是公允的	保留意见的审计报告
重要且广泛	由于错报全面影响财务报表使用者的决策	否定意见的审计报告
重要且广泛	由于审计范围受到限制全面影响财务报表使用者的决策	无法表示意见的审计报告

【例题12-1·单项选择题】 下列有关审计报告日的说法中，错误的是（   ）。

A. 审计报告日可以晚于管理层签署已审计财务报表的日期

B. 审计报告日不应早于管理层书面声明的日期

C. 在特殊情况下，注册会计师可以出具双重日期的审计报告

D. 审计报告日应当是注册会计师获取充分、适当的审计证据，并在此基础上对财务报表形成审计意见的日期

【答案】 D

【例题12-2·单项选择题】 下列有关关键审计事项的说法中，错误的是（   ）。

A. 注册会计师应当以"与治理层沟通的事项"为起点选择关键审计事项

B. 对关键审计事项作冗长的列举可能与这些事项是审计中最为重要的事项这一概念相抵触

C. 已审计财务报表包含比较财务报表时，注册会计师确定的关键审计事项仅限于对本期财务报表审计最为重要的事项

D. 注册会计师应当更新上期审计报告中的关键审计事项并考虑其对本期财务报表

审计而言是否仍为关键审计事项

【答案】 D

【例题12-3·多项选择题】 在确定某一与治理层沟通过的事项的相对重要程度以及该事项是否构成关键审计事项时，注册会计师可以考虑的因素有（ ）。

A. 该事项对预期使用者理解财务报表整体的重要程度

B. 管理层在选择适当的会计政策时涉及的复杂程度或主观程度

C. 就该事项在项目组之外进行咨询的性质

D. 识别出的与该事项相关的控制缺陷的严重程度

【答案】 ABCD

思考与练习

一、单项选择题

1. 审计报告日是指（ ）。

A. 审计报告完成日 B. 审计报告公布日 C. 审计工作完成日 D. 会计报表公布日

2. 注册会计师的审计报告的主要作用是（ ）。

A. 检查　　　　　B. 评价　　　　　C. 鉴证　　　　　D. 监督

3. 以下各项中，具有法定证明效力的审计报告是（ ）。

A. 国家审计报告 B. 民间审计报告 C. 部门审计报告 D. 单位审计报告

4. 注册会计师审计报告的真实性和合法性应由（ ）负责。

A. 委托单位　　　B. 国家审计机关　C. 注册会计师　　D. 会计师事务所

5. 注册会计师在出具保留意见、否定意见或无法表示意见的审计报告时，应在意见段后增加说明段，明确说明理由，并在可能情况下，指出其（ ）。

A. 对审计的影响　　　　　　　B. 对会计报表审计的影响

C. 对会计反映的影响程度　　　D. 对被审计单位财务状况的影响程度

6. 民间审计报告的标题统一规范为（ ）。

A. 审计意见　　　B. 注册会计师意见　C. 审计报告　　　D. 审计工作底稿

7. 无法表示意见审计报告就是（ ）。

A. 不发表审计意见　　　　　　B. 没有办法发表审计意见

C. 拒绝接受委托　　　　　　　D. 提交否定审计意见

8. 下列各项中，可用于保留意见的专业术语是（ ）。

A. 由于无法实施必要的审计程序　B. 我们认为，上述会计报表

C. 除……可能产生的影响　　　　D. 由于上述问题造成重大影响

二、多项选择题

1. 按审计报告使用的目的不同分类，可分为（ ）。

A. 公布目的的审计报告　　　　　　B. 非公布目的的审计报告
C. 国家审计报告　　　　　　　　　D. 内部审计报告

2. 下列对审计报告的内容与格式的表述中，正确的有（　　）。

A. 审计报告的收件人是指注册会计师按照业务约定书的要求致送审计报告的对象，一般是指审计业务的委托人，审计报告应当载明收件人的全称

B. 审计意见段应当说明，财务报表是否按照适用的会计准则和相关会计制度的规定编制，是否在所有重大方面公允反映了被审计单位的财务状况、经营成果和现金流量，这也是财务报表审计的总目标

C. 审计报告应当由项目合伙人和另外一名负责该项目的注册会计师签名和盖章

D. 审计报告应当载明会计师事务所的名称和地址，并加盖会计师事务所公章

3. 下列有关沟通关键审计事项的说法中，错误的有（　　）。

A. 注册会计师应当基于相对重要程度，确定在关键审计事项部分列示每一事项的顺序

B. 在描述关键审计事项时，注册会计师应当尽量使用高度专业化的审计术语

C. 在描述关键审计事项时，注册会计师不应在审计报告中提供原始信息

D. 在确定对关键审计事项的描述需要包含的信息时，注册会计师需要考虑对于预期使用者而言该信息的相关性

4. 下列有关披露错报的说法中，错误的有（　　）。

A. 由于叙述性披露错报无法量化，通常不会构成重大错报

B. 与应披露未披露信息相关的重大错报可能导致保留意见或否定意见

C. 如果注册会计师由于与应披露未披露信息相关的重大错报发表非无保留意见，应当在审计报告中包含对未披露信息的披露

D. 与披露相关的错报属于判断错报

5. 下列关于重要性水平的陈述中，恰当的有（　　）。

A. 重要性水平可以采用基数乘以一定比率的办法确定

B. 注册会计师可以采用净资产的1%来确定重要性水平

C. 注册会计师可以采用资产总额的0.5%～1%来确定重要性水平

D. 注册会计师可以采用营业收入的0.5%～1%来确定重要性水平

6. 管理层对财务报表的责任段应当说明按照适用的会计准则和相关会计制度的规定编制财务报表是管理层的责任，这种责任包括（　　）。

A. 设计、实施和维护与财务报表编制相关的内部控制，以使财务报表不存在由于舞弊或错误而导致的重大错报

B. 按照企业会计准则编制财务报表

C. 选择和运用恰当的会计政策

D. 作出合理的会计估计

7. 注册会计师的责任段应当说明的内容包括（　　）。

A. 注册会计师的责任是在实施审计工作的基础上对财务报表发表审计意见

B. 审计工作涉及实施审计程序，以获取有关财务报表金额和披露的审计证据

C. 注册会计师相信已获取的审计证据是充分、适当的，为其发表审计意见提供了基础

D. 注册会计师审计的目的并非对内部控制的有效性发表意见

8. 标准审计报告（　　）。

A. 包含的审计报告要素齐全　　　　B. 属于无保留意见

C. 不附加说明段　　　　　　　　　D. 不附加强调事项段或任何修饰性用语

9. 注册会计师在确定审计报告日期时，应当考虑（　　）。

A. 应当实施的审计程序已经完成

B. 应当提请被审计单位调整的事项已经提出，被审计单位已经作出调整或拒绝作出调整

C. 管理层已经正式签署财务报表

D. 该会计师事务所内部控制已经审核

三、判断题

1. 只要审计报告是真实的，会计报表就是真实的。　　　　　　　　（　　）
2. 审计报告的收件人应当是被审计单位。　　　　　　　　　　　　（　　）
3. 审计报告中主要表现审计人员给出的审计意见。　　　　　　　　（　　）
4. 审计报告的签署日期应为完稿日期或会计报表截止日。　　　　　（　　）
5. 民间审计报告应交由审计委托人进行审定。　　　　　　　　　　（　　）
6. 合法性是指被审计单位会计报表的编报是否符合《企业会计准则》的规定。

（　　）

7. 审计报告由注册会计师签名、盖章即可。　　　　　　　　　　　（　　）
8. 无法表示意见就是不发表审计意见。　　　　　　　　　　　　　（　　）
9. 审计报告日就是审计人员撤离被审计单位的日期。　　　　　　　（　　）
10. 审计报告的日期不应早于注册会计师获取充分、适当的审计证据，并在此基础上对财务报表成审计意见的日期。　　　　　　　　　　　　　　　　（　　）

第二部分　思考与练习参考答案

第一章　绪　论

一、单项选择题

1	2	3	4	5	6	7	8	9	10
C	D	D	A	B	D	B	D	C	C

二、多项选择题

1	2	3	4	5
ABC	ABC	ACD	ACD	ABCD

第二章　注册会计师执业准则

一、单项选择题

1	2	3	4	5	6	7	8	9	10
B	A	D	A	D	A	C	D	A	B

二、多项选择题

1	2	3	4	5
CD	BCD	ABC	BCD	ABC

第三章　职业道德守则

一、单项选择题

1	2	3	4	5	6	7	8	9	10
B	A	C	D	B	A	C	B	D	D

二、多项选择题

1	2	3	4	5
ABD	ABCD	ABCD	BCD	ACD

第四章　审计目标与审计流程

一、单项选择题

1	2	3	4	5	6	7	8	9	10
A	B	B	C	A	B	D	A	D	A

二、多项选择题

1	2	3	4	5	6	7	8	9	10
AB	AB	BCD	AC	AB	ABCD	ABCD	ACD	ABC	ACD

三、判断题

1	2	3	4	5	6	7	8	9	10
√	×	×	√	√	√	×	×	×	×

第五章　审计计划

一、单项选择题

1	2	3	4	5	6	7	8	9	10
D	D	D	A	C	C	C	C	C	B

二、多项选择题

1	2	3	4	5	6	7	8	9	10
ABCD	ABD	CD	ABCD	BD	ABCD	AB	ACD	ABC	ABCD

三、判断题

1	2	3	4	5	6	7	8	9	10
√	×	×	×	√	√	×	×	×	×

第六章 审计证据和审计工作底稿

一、单项选择题

1	2	3	4	5	6	7	8	9	10
B	D	C	D	A	D	B	D	A	C

二、多项选择题

1	2	3	4	5	6	7	8	9	10
ABD	ABC	BCD	ABCD	ABCD	ABCD	ABCD	AD	ABCD	ABCD

三、判断题

1	2	3	4	5	6	7	8	9	10
√	√	√	√	×	×	×	√	√	√

第七章 审计重要性与审计风险

一、单项选择题

1	2	3	4	5	6	7	8	9	10
A	D	B	B	D	D	C	B	D	B

二、多项选择题

1	2	3	4	5
ABC	BCD	BC	BCD	BCD

第八章 风险评估

一、单项选择题

1	2	3	4	5	6	7	8	9	10
A	C	C	D	D	C	A	D	A	D

二、多项选择题

1	2	3	4	5
AB	ABCD	ABCD	ABC	ABD

第九章 风险应对

一、单项选择题

1	2	3	4	5
C	C	B	D	B

二、多项选择题

1	2	3	4	5
ACD	CD	BCD	ABCD	ABD

第十章 审计抽样

一、单项选择题

1	2	3	4	5	6	7	8	9	10
B	D	D	D	A	D	A	B	A	B

二、多项选择题

1	2	3	4	5	6	7	8	9
BC	ABCD	BD	ABCD	BD	ABD	BC	BC	BCD

三、简答题

(1) 均值估计抽样审计

样本平均值＝582 000÷200＝2 910（元）

总成本＝2 910×2 000＝5 820 000（元）

(2) 比率估计抽样审计

样本比率＝582 000÷600 000×100％＝97％

总成本＝5 900 000×97％＝5 723 000（元）

(3) 差额估计抽样审计

样本平均差额＝（582 000－600 000）÷200＝－90（元）

总体差额＝（－90）×2 000＝－180 000（元）

总成本＝5 900 000－180 000＝5 720 000（元）

第十一章　完成审计工作

一、单项选择题

1	2	3	4	5	6	7	8	9	10
C	A	C	D	B	C	C	C	C	B

二、多项选择题

1	2	3	4	5	6	7
BC	ABCD	AD	ABCD	ACD	ACD	ABCD

三、案例讨论题

(1) 未实施风险评估程序不符合规定。依据审计准则规定，A 注册会计师应了解 M 公司及其环境，实施风险评估程序。

(2) 项目组成员之间相互复核不符合规定。依据质量管理准则规定，应由项目组内经验较多人员复核经验较少人员的工作。

(3) 项目质量复核人员的委派不符合规定。依据质量管理准则规定，项目质量复核人员应由会计师事务所委派，不应由审计项目合伙人委派。

(4) 重大问题分歧未得到解决就出具审计报告不符合规定。依据质量管理准则规定，只有在项目组内部分歧解决以后才能出具审计报告。

(5) 项目质量复核时间不符合规定。依据质量管理准则规定，项目质量复核应在审计报告日或报告日前完成。

(6) 项目质量复核范围不符合规定。依据质量管理准则规定，项目质量复核人员应选取与项目组作出重大判断和得出的结论相关的业务工作底稿。

第十二章　审计报告

一、单项选择题

1	2	3	4	5	6	7	8
C	C	B	C	C	C	B	C

二、多项选择题

1	2	3	4	5	6	7	8	9
AB	ABCD	AB	ACD	ABCD	ACD	ABC	ABCD	ABC

三、判断题

1	2	3	4	5	6	7	8	9	10
×	×	×	×	×	×	×	×	√	√

第三部分　综合案例分析题、模拟试题及参考答案

综合案例分析题

1. ABC 会计师事务所是一家新成立的会计师事务所，其质量管理制度的部分内容摘录如下：

（1）经主任会计师指派，副主任会计师可以分管会计师事务所质量管理工作，并对会计师事务所质量管理制度承担最终责任。

（2）执行项目质量复核的范围为上市公司审计项目中被评估为高风险的审计项目。

（3）如果项目组成员与项目质量复核人员发生意见分歧，应当通过向技术部进行书面咨询，或与会计师事务所负责风险控制的合伙人进行讨论等方式予以解决。在分歧尚未解决前，不得出具审计报告。

（4）以 3 年为周期，选取每一位合伙人已完成的一个项目进行检查。如果合伙人在连续两次的检查中被评为优秀，以后可每隔 5 年检查一次。

（5）会计师事务所建立专门的系统用于记录对客户关系和具体业务的接受与保持的评估。该系统中记录的信息无须纳入业务工作底稿。

（6）项目组应当自鉴证业务报告日起 60 日内将业务工作底稿归档。归档后，项目组需要删除或增加业务工作底稿，须经主任会计师批准。

要求：针对上述事项（1）～（6），逐项指出 ABC 会计师事务所业务质量管理制度是否符合质量管理准则和审计准则的规定，并简要说明理由。

2. H 银行是 U 股份有限公司最大的债权人。2023 年 1 月，H 银行委托 K 会计师事务所对 U 公司 2022 年 12 月 31 日资产负债表中的资产和负债类项目实施审计，以判断其偿还所欠 H 银行的将于 2023 年 3 月 31 日到期的 2 000 万元债务的能力。K 会计师事务所接受了这一业务，并指派 L 注册会计师作为项目负责人组织人员具体执行该项审计业务。

要求：针对上述事项，回答下列相关的问题：

（1）指出该项业务作为鉴证业务的类型、注册会计师为此应当提供的保证程度和提

出鉴证意见的方式。

(2) 指出该项业务涉及的三方关系。

(3) 说明该项鉴证业务的鉴证对象、鉴证对象信息以及该项业务应遵循的标准。

(4) 鉴证业务具备哪些特征时，K 会计师事务所才能承接该业务。

3. 上市公司甲公司系 ABC 会计师事务所的常年审计客户。在对甲公司 2022 年度财务报表审计中，ABC 会计师事务所遇到下列与职业道德相关的事项：

(1) A 注册会计师在 2017 年度至 2021 年度期间担任甲公司财务报表审计项目经理，并签署了 2020 年度和 2021 年度甲公司审计报告。2022 年度，A 注册会计师晋升为合伙人，担任甲公司 2022 年度财务报表审计项目合伙人。

(2) 甲公司与 ABC 会计师事务所签订协议，由甲公司向其客户推荐 ABC 会计师事务所的服务。每次推荐成功后，由 ABC 会计师事务所向甲公司支付少量的业务介绍费。

(3) 审计项目组成员 B 因工作较忙，授权理财顾问管理其股票账户。在 B 不知情的情况下，理财顾问通过该账户代其购买了少量甲公司股票。截至 2022 年 12 月 31 日，这些股票市值合计为 500 元。

(4) 审计项目组成员 C 为新员工，其妻子曾担任甲公司财务经理，于 2022 年 3 月离职。

(5) 经甲公司总经理批准，审计项目组成员可以按成本价购买甲公司的产品，每人限购 2 000 元。

(6) 甲公司在海外有一家规模很小的分公司，其财务经理突然离职。在新聘财务经理上任前，由 ABC 会计师事务所的海外网络事务所借调一名审计部经理临时负责财务经理工作，借调时间为一周。

要求：针对上述事项（1）～（6），逐项指出 ABC 会计师事务所及甲公司审计项目组成员是否违反中国注册会计师职业道德守则，并简要说明理由。

4. ABC 会计师事务所负责审计甲公司 2022 年度财务报表，并委派 A 注册会计师担任审计项目组负责人。在审计过程中，审计项目组遇到下列与职业道德有关的事项：

(1) A 注册会计师与甲公司副总经理 H 同为京剧社票友，经 H 介绍，A 注册会计师从其他企业筹得款项，成功举办个人专场演出。

(2) 审计项目组成员 B 与甲公司基建处处长 I 是战友，I 将甲公司职工集资建房的指标转让给 B，B 按照甲公司职工的付款标准交付了集资款。

(3) 审计项目组成员 C 与甲公司财务经理 J 毕业于同一所财经院校。

(4) 审计项目组成员 D 的朋友于 2021 年 2 月购买了甲公司发行的公司债券 20 万元。

(5) ABC 会计师事务所原行政部经理 E 于 2019 年 10 月离开事务所，担任甲公司办公室主任。

(6) 甲公司系乙上市公司的母公司。2022 年年末，审计项目组成员 F 父亲拥有乙上市公司 300 股流通股股票，该股票每股市值为 12 元。

要求：针对上述事项（1）～（6），分别指出是否对审计项目组的独立性构成威胁，并说明事由。

5. ABC 会计师事务所的 A 注册会计师负责对甲公司 2022 年度财务报表进行审计。2023 年 2 月 15 日，A 注册会计师完成审计业务，并于 5 月 15 日将审计工作底稿归整为最终审计档案。2023 年 5 月 20 日，A 注册会计师意识到甲公司存在舞弊行为，私下修改了部分审计工作底稿。2023 年 6 月 1 日，甲公司财务舞弊案爆发，A 注册会计师擅自销毁了甲公司审计工作底稿。

要求：根据审计工作底稿准则和会计师事务所质量管理准则，回答下列问题：

（1）A 注册会计师在归整审计档案时是否存在问题，并简要说明理由。

（2）在归整审计档案后，A 注册会计师私下修改审计工作底稿是否存在问题，并简要说明理由。

（3）ABC 会计师事务所在保存审计工作底稿方面是否存在问题，简要说明理由，并简要说明 ABC 会计师事务所应当对审计工作底稿实施哪些控制程序。

6. 注册会计师小李通过对 A 公司存货项目的相关内部控制制度进行分析评价后，发现该公司存在下列五种状况：

（1）库存现金未经认真盘点。

（2）接近资产负债表日前入库的 A 产品可能已计入存货项目，但可能未进行相关的会计记录。

（3）由 X 公司代管的甲材料可能并不存在。

（4）Y 公司存放在 A 公司仓库的乙材料可能已计入 A 公司的存货项目。

（5）本次审计为 A 公司成立以来的首次审计。

要求：根据上述情况分别指出各自的审计程序、审计目标和应收集的审计证据。

7. ABC 会计师事务所在 2022 年年底首次承接了甲公司（上市公司）2022 年度财务报表审计业务，在承接业务前和执行审计业务过程中，假设分别存在以下情况：

（1）在承接业务前，项目负责人 A 注册会计师在取得甲公司的口头授权后，与审计甲公司 2021 年度财务报表的 XYZ 会计师事务所进行了沟通，但未与承接了甲公司 2022 年度财务报表审计业务但已解除业务约定 DFG 会计师事务所进行沟通，项目负责人 A 注册会计师认为 DFG 会计师事务所未完成审计业务，因此不是 ABC 会计师事务所的前任注册会计师，无需进行沟通。

（2）在与前任注册会计师沟通并查阅了前任的工作底稿后，A 注册会计师认为甲公司管理层的诚信不存在影响承接意愿的情况，符合质量控制准则的和职业道德的规定，因此决定承接业务，并签订了业务约定书。

（3）在审计过程中，A 注册会计师认为有责任审计 2022 年财务报表的期初余额，以获取期初余额不存在重大错报的证据。实施的主要程序是在取得甲公司书面授权后查阅前任注册会计师的工作底稿后直接得出结论，期初余额不存在重大错报。

（4）在审计本期财务报表数据的过程，A 注册会计师发现前任注册会计师审计的财务报表存在重大错报，A注册会计师只提请被审计单位调整该重大错报，甲公司管理层拒绝了A注册会计师的要求，A注册会计师考虑发表非标准的审计报告。

（5）为明确责任，A注册会计师在审计报告的引言段中指出，期初余额的审计依赖了前任注册会计师的审计工作底稿，期初余额如果还存在其他重大错报，该审计责任由前任注册会计师承担。

要求：针对上述事项（1）～（5），分别指出是否存在不妥当之处，并简要说明理由。

8. ABC会计师事务所承接甲公司2022年度财务报表审计业务，其业务的性质和经营规模与其常年审计客户乙公司相类似，ABC会计师事务所在编制总体审计策略和具体审计计划时，作出下列判断：

（1）由于甲公司业务性质和规模与常年审计客户乙公司相似，因此确定的重要性水平与乙公司相同。

（2）制订完成审计计划后，应按照计划执行审计程序，不能够改变计划。

（3）因对甲公司内部控制存在疑虑，拟不执行控制测试，而直接执行实质性程序。

（4）因甲公司存货存放于外省市，监盘成本较高，拟不进行监盘，直接实施替代审计程序。

（5）注册会计师应当合理设计审计程序的性质、时间安排和范围，并有效执行审计程序，以控制检查风险。

要求：简要回答上述事项是否存在不当之处。如存在，简要说明理由。

9. 确定M公司2022年度财务报表各认定层次的重要性水平时，A注册会计师基于所了解的具体情况，并与以前各期情况进行比较后，决定从严确定本期财务报表中交易性金融资产项目的重要性水平。

要求：针对上述事项，回答下列问题：

（1）这一决定对交易性金融资产项目的可接受审计风险及可接受检查风险有何种影响？简要说明原因。

（2）针对上述（1）中情况，A注册会计师应采取何种相应的对策。这种对策对审计证据的数量、审计时间的长短和审计程序的范围有何影响？

（3）指出上述（2）中决策对具体审计程序的影响。

10. A注册会计师在对D公司2022年度财务报表进行审计时，收集到以下六组审计证据：

（1）收料单与购货发票。

（2）销货发票副本与产品出库单。

（3）领料单与材料成本计算表。

（4）工资计算表与工资发放单。

（5）存货盘点表与存货监盘记录。

（6）银行询证函回函与银行对账单。

要求：分析说明每组审计证据中哪项审计证据较为可靠，并简要说明理由。

11. 审计人员在对 A 公司 2022 年度的财务报表进行审计时，实施了下列审计程序：

(1) 抽样重新计算 2022 年度甲材料的计价是否正确。

(2) 资产负债表日后对大额应收账款进行函证。

(3) 按照 A 公司内部控制规定的赊销审批手续独立执行该流程。

(4) 对 A 公司库存现金进行监盘。

要求：完成下表。

财务报表审计程序表

审计程序	获取审计证据的方法	实现的主要审计目标
(1)		
(2)		
(3)		
(4)		

12. A 注册会计师负责审计甲公司 2022 年度财务报表。甲公司 2022 年 12 月 31 日应收账款余额为 30 000 000 元。A 注册会计师认为应收账款存在重大错报风险，决定选取金额较大以及风险较高的应收账款明细账户实施函证程序，选取的应收账款明细账户余额合计为 18 000 000 元。相关事项如下：

(1) 审计项目组成员要求被询证的甲公司客户将回函直接寄至会计师事务所，但甲公司客户 X 公司将回函寄至甲公司财务部，审计项目组成员取得了该回函，将其归入审计工作底稿。

(2) 对于审计项目组以传真件方式收到的回函，审计项目组成员与被询证方取得了电话联系，确认回函信息，并在审计工作底稿中记录了电话内容与时间、对方姓名与职位，以及实施该程序的审计项目组成员姓名。

(3) 审计项目组成员根据甲公司财务人员提供的电子邮箱地址，向甲公司境外客户 Y 公司发送了电子邮件，询证应收账款余额，并收到了电子邮件回复。Y 公司确认余额准确无误。审计项目组成员将电子邮件打印后归入审计工作底稿。

(4) 甲公司客户 Z 公司的回函确认金额比甲公司账面余额少 1 500 000 元。甲公司销售部人员解释，甲公司于 2022 年 12 月末销售给 Z 公司的一批产品，在 2022 年年末尚未开具销售发票，Z 公司因此未入账。A 注册会计师认为该解释合理，未实施其他审计程序。

(5) 鉴于对 60% 应收账款余额实施函证程序未发现错报，A 注册会计师推断其余 40% 的应收账款余额也不存在错报，无须实施进一步审计程序。

要求：针对上述事项 (1) ~ (5)，逐项指出甲公司审计项目组的做法是否恰当。如不恰当，简要说明理由。

13. U 会计师事务所为保证审计工作质量，结合本所的实际情况对审计工作底稿进行了规范，结合近期执行的审计业务对审计工作进行了检查。具体情况如下：

（1）在编制控制测试工作底稿时，应当格式统一、语言精练，至少能使执行项目组内部复核的人员清楚地了解所执行的控制测试程序的性质、时间和范围。

（2）考虑到对被审计单位的情况非常了解，认为发表不恰当审计意见的可能性较低，所以对审计工作底稿实施了项目组成员相互复核后，就发表了审计意见。

（3）对实施项目质量复核的审计业务，不仅编制人、复核人要在每张审计工作底稿上签字，还要求项目质量复核人员在每张工作底稿上签字。

（4）项目质量复核人员对审计工作底稿复核的主要内容是实施的审计程序是否适当，获取的审计证据是否足以支持审计结论。

（5）对 Y 公司财务报表的某项认定实施实质性程序的结果表明：先前重大错报风险的评估结论完全正确，项目组将该结果作为重大事项列入工作底稿。

（6）Z 公司项目组负责人不仅要求项目组成员及时记录与管理层、治理层和其他人员对重大事项的讨论内容和参加讨论的人员，而且要记录讨论的时间、地点。

要求：请逐一针对上述每种情况，指出 U 会计师事务所的规定和各项目组的做法是否符合审计准则对审计工作底稿的相关规定，并简要说明理由。

14. 审计人员对渝香食品有限公司 2022 年 12 月的财务报表进行审计，财务报表显示，2022 年全年实现净利润 8 000 000 元，资产总额 40 000 000 元，审计人员在审查和阅读财务报表时发现：

（1）公司 10 月份虚报冒领工资 1 820 元，被出纳占为己有。

（2）11 月 15 日，公司收到业务咨询费 3 850 元，列入小金库。

（3）资产负债表中的存货低估 160 000 元，原因不明。

要求：根据上述问题作出重要性的初步判断，并简要说明理由。

15. ABC 会计师事务所于 2023 年 2 月 5 日接受委托审计 D 公司 2022 年度财务报表，丁注册会计师任项目负责人，在对 D 公司初步了解之后，确定资产负债表的重要性水平为 1 500 000 元，利润表的重要性水平为 2 000 000 元。

要求：

(1) D 公司 2022 年财务报表层次的计划重要性水平是多少？

(2) 在计划审计工作时和在评价审计程序结果时如何确定重要性水平？

(3) 重要性水平与审计风险之间存在何种关系？

(4) 随着审计过程的推进，丁注册会计师评价原来在计划阶段确定的重要性水平不合理，他根据在审计执行过程中进一步获取的信息，决定接受 1 000 000 元的重要性水平，丁注册会计师接下来应当采取何种措施？

16. 甲集团公司拥有乙公司等 6 家全资子公司。ABC 会计师事务所负责审计甲集团公司 2022 年度财务报表，确定甲集团公司合并财务报表整体的重要性水平为 5 000 000 元。

集团项目组在审计工作底稿中记录了集团审计策略，部分内容摘录如下：

部分内容摘录

组成部分 公司	(1) 是否为重要组成部分（是/否）	(2) 是否由其他会计师事务所执行相关工作（是/否）	(3) 拟执行工作的类型	(4) 组成部分重要性	(5) 说明
乙公司	是	否	审计	5 000 000 元	确定该组成部分实际执行的重要性水平为 3 000 000 元
丙公司	是	是	审计	2 000 000 元	该组成部分实际执行的重要性由其他会计师事务所自行确定，无须评价
丁公司	是	是	审计	1 000 000 元	确定该组成部分实际执行的重要性水平为 600 000 元
戊公司	否	否	审阅	不适用	执行审阅工作，无须确定组成部分重要性水平
戊公司	否	否	集团层面分析程序	不适用	执行集团层面分析程序，无须确定组成部分重要性水平
庚公司	否	否	审计	4 000 000 元	确定该组成部分实际执行的重要性水平为 2 400 000 元

要求：假定不考虑其他条件，结合上表中（1）（2）和（3）列，分别指出（4）列所列内容是否恰当。如不恰当，简要说明理由。

17. A 和 B 注册会计师为识别和评估 X 公司 2022 年度财务报表的重大错报风险，需要了解 X 公司及其环境。为此决定专门实施风险评估程序：

（1）询问被审计单位管理层和内部其他相关人员。

（2）观察和检查。

要求：

（1）A 和 B 注册会计师应当从哪些方面对 X 公司及其环境进行了解？

（2）在进行风险评估时，除了实施上述两类专门程序，A 和 B 注册会计师还可以实施哪些程序？

（3）在了解 X 公司及其环境，以评估重大错报风险时，A 和 B 注册会计师可以向 X 公司管理层和财务负责人询问哪些主要情况或事项？

18. 玉风公司为江西景德镇地区的一家大型企业，主要业务为生产和销售青花瓷器。该公司 2022 年年末未经审计的财务报表显示的资产总额为 355 430 000 元，销售收入为 125 600 000 元，利润总额为 23 000 000 元。自 2019 年以来，玉风公司历年的财务报表均由中天华正会计师事务所审计。2022 年 3 月，在执行完玉风公司 2021 年度财务报表审计业务、提交了无保留意见审计报告后，中天华正会计师事务所与玉风公司签订了其 2022 年度财务报表的审计业务约定书，并委派执行 2021 年度财务报表审计的注册会计师 A 和 B 继续负责该项审计业务。基于玉风公司 2022 年度的经营计划，该公司在本年度将进行全方位的改革。新的管理层上任时，向公司治理层及股东代表大会作出了将本年度销售收入比上年增加20%，否则将扣发全体高层管理人员全年奖金的承诺。中天华正会计师事务所的业务负责人意识到这些情况将全面影响玉风公司的环境，故特别要求注册会计师A和B对玉风公司及其环境进行全面、深入的了解，并根据了解的情况于2022年年末制订玉风公司2022年度财务报表的审计计划。

在了解玉风公司及其环境、评估重大的错报风险时，A和B注册会计师发现玉风公司2022年度主要发生了下列事项和情况：

（1）2021年以来，玉风公司所在地用于生产优质瓷器所需的特殊泥土初步显现出枯竭的迹象。为维持正常的经营，玉风公司自2021年8月起派出专家在全国各地寻找该种特殊泥土。2022年2月，经专家建议，并经董事会决定，玉风公司出资50 000 000元在四川广远地区设立分公司，利用当地泥土生产瓷器。

（2）2022年年初，为提高存货管理水平，玉风公司出资2 000 000元为各个仓储部门配置了计算机信息系统，该系统使玉风公司各仓库之间实现了内部联网，出库单、入库单由原先的人工填写改为计算机打印。

（3）为寻找新的生产原料，玉风公司决定出资10 000 000元建立F研究基地，用于研究在当地泥土中添加化学原料，以改善泥土的品质的试验。该基地已于2022年4月份开始运行。

（4）2022年5月，为开展多种经营，玉风公司与L、G两家上市公司签订合作协议，联合开发新型卫浴产品。协议规定L公司出资80 000 000元作为研发及宣传经费、G公司出资30 000 000元建立营销网络，而玉风公司则以其拥有专利权的高新技术使用权出资，并派出5名工程师作为研发的主要人员。这5名工程师的工资仍由玉风公司负责。开发成功后，玉风公司应获得税后利润的30%。

（5）2022年6月，为充分利用闲置资金，降低公司的经营风险，玉风公司向新疆和田地区某玉石开采企业投资40 000 000元，开展和田玉开采与收藏与销售业务。

（6）为提高会计核算质量，预防重大差错的发生，2022年6月30日，财务部门按公司分管财务的副总经理的指示在财务部门内部进行了定期的人员轮换，此次轮换变更了所有财务人员的工作内容。为配合此次财务人员内部轮换，内部审计在轮换后的连续3个月内加大了复核与核查的力度。

（7）玉风公司设在香港的销售分公司连续多年来业绩不佳，2021年全年亏损达到1 250 000元。2022年第一季度亏损额达到820 000元。2022年5月，公司董事会决定出售该分公司。同年9月，已同当地T公司办理出售该分公司的全部手续，由此取得的35 000 000元款项已被直接用作玉风公司的流动资金。

（8）2022年年末，玉风公司F研究基地周边的居民联名向当地环保机构举报，要求查处该基地大面积污染当地土质、致使周边数十平方公里农作物大量枯死、地下水源受到污染的情况。当地环保部门已立案调查。

（9）2022年12月20日，玉风公司将库存的3 000 000元生产必需的C化学添加剂返销给该原料的供应商 K 公司，双方为此签订了相关的协议。但到 2022 年 12 月 31 日，该批材料仍存放在玉风公司的仓库。注册会计师向销售部门负责人询问该笔材料转让业务时，相关人员出示了 K 公司提供的要求玉风公司 2023 年前暂不发货的文件。

（10）为实现 2022 年年初向董事会作出的本年度销售收入比上年增加 20%，否则扣发全体管理人员全年奖金的承诺，2022 年 12 月中旬，玉风公司总经理亲自参与销售部门的工作，并以诱人的优惠条件吸引新、老客户于 2022 年年底之前签订销售合同、预付部分货款。部分客户受优惠条件的吸引，已提前预付了货款，并同意次年提货。对于这一阶段的发生的新的销售业务，财务人员根据总经理的批示进行了特殊处理。

要求：

（1）逐一分析资料中各种情况，指出每种情况是否表明或导致玉风公司财务报表存在重大错报风险？对于导致或存在重大错报风险的情况，请进一步指出是否导致玉风公司经营风险的增加。简要说明原因。

（2）事项（1）～（10）中哪些情况会导致特别风险？如属于特别风险，请指出其最可能的原因。

19. A 注册会计师负责对甲公司 2022 年度财务报表进行审计。与审计工作底稿相关的部分事项如下：

（1）由于在审计过程中识别出重大错报并提出审计调整建议，A 注册会计师重新评估并修改了重要性水平，并将记录计划阶段评估的重要性水平的工作底稿删除，代之以记录重新评估的重要性水平的工作底稿。

（2）对于需要系统化抽样的审计程序，A 注册会计师通过记录样本的来源来识别已选取的样本。

（3）A 注册会计师在审计过程中无法就关联方关系及交易获取充分、适当的审计证据，并因此出具了保留意见审计报告。A 注册会计师将该事项作为重大事项记录在审计工作底稿中。

（4）2023 年 2 月 15 日，A 注册会计师完成审计工作，并于 5 月 15 日将审计工作底稿归整为最终审计档案。

（5）2023 年 5 月 20 日，A 注册会计师意识到甲公司存在舞弊行为，私下修改了部分审计工作底稿，并没有做任何记录。

（6）2023 年 7 月 1 日，甲公司财务舞弊案件曝光，A 注册会计师擅自销毁了甲公司审计工作底稿。

要求：针对上述事项（1）～（6），逐项指出 A 注册会计师的做法是否恰当。如不恰当，简要说明理由。

20. Y 公司系公开发行 A 股的上市公司，2022 年 3 月 20 日，北京 ABC 会计师事务所的 A 和 B 注册会计师负责完成了对 Y 公司 2021 年度会计报表的外勤审计工作。假定 Y 公司 2021 年度财务报告于 2022 年 3 月 27 日经董事会批准和管理当局签署，于同日报送证券交易所。2022 年 4 月 30 日，Y 公司召开 2021 年度股东大会，审议通过了

2021年度财务报告。Y公司采用应付税款法核算所得税，所得税税率为25%，每年分别按净利润的10%和5%提取法定盈余公积和任意盈余公积。其他相关资料如下：

在应付票据项目的审计中，为了确定应付票据余额所对应的业务是否真实，会计处理是否正确，A和B注册会计师拟从Y公司应付票据备查簿中抽取若干笔应付票据业务，检查相关的合同、发票、货物验收单等资料，并检查会计处理的正确性。Y公司应付票据备查簿显示，应付票据项目2021年12月31日的余额为15 000 000元，由72笔应付票据业务构成。根据具体审计计划的要求，A和B注册会计师须从中选取6笔应付票据业务进行检查。

……

要求：针对以上资料，假定应付票据备查簿中记载的72笔应付票据业务是随机排列的，A和B注册会计师采用系统选样法选取6笔应付票据业务样本，并且确定随机起点为第7笔，请判断其余5笔应付票据业务分别是哪几笔（要求列示计算过程）如果上述6笔应付票据业务的账面价值为1 400 000元，审计后认定的价值为1 680 000元，Y公司2021年12月31日应付票据账面总值为15 000 000元，并假定误差与账面价值成比例关系，请运用比率估计抽样法推断Y公司2021年12月31日应付票据的总体实际价值（要求列示计算过程）。

21. ABC会计师事务所指派A注册会计师对X股份有限公司2022年度财务报表进行审计，在对存货项目审计时发现其业务总体规模数量为1 000个，存货项目账面金额为1 000 000元，假设A注册会计师利用审计抽样模型计算的样本规模为200个，经过对200个样本逐一实施审计程序后得到样本平均审定金额为980元，同时，A注册会计师在计划审计阶段评估的存货项目重要性水平为15 000元。

要求：

(1) 请代A注册会计师采用均值估计抽样方法推断存货项目的总体金额。

(2) 请根据存货项目的重要性水平对其抽样结果进行评价。

22. A注册会计师负责审计甲公司2022年度财务报表。在针对应收账款实施细节测试时，A注册会计师决定采用传统变量抽样方法实施统计抽样。甲公司2022年12月31日应收账款账面余额合计为300 000 000元。A注册会计师确定的总体规模为6 000，样本规模为200，样本账面余额合计为12 000 000元，样本审定金额合计为9 000 000元。

要求：代A注册会计师分别采用均值估计抽样、差额估计抽样和比率估计抽样三种方法计算推断的总体错报金额。

23. 某会计师事务所注册会计师孟某、姜某于2023年2月10日完成了对CA股份有限公司2022年度会计报表的外勤审计工作，准备撰写审计报告。在本次审计过程中，两位注册会计师发现该公司存在以下情况：

(1) 原承接CA股份有限公司2021年年报审计的诚信会计师事务所对其年报出具了保留意见的审计报告。保留的原因是CA股份有限公司的一项未决诉讼对报表的影响无法判定，也未得到律师的任何信息。该诉讼至2023年2月10日仍未宣判，且律师拒绝提供有关信息。

（2）CA 股份有限公司销售部 2022 年 7 月购入计算机 3 台，共 30 000 元，公司将其全部列入 7 月份的管理费用（折旧年限为 5 年，净残值率 5%）。

（3）CA 股份有限公司 2022 年的存货发出由后进先出法改为先进先出法，此变更未在报表附注中披露。

要求：

（1）针对上述情况，注册会计师应分别出具什么意见类型的审计报告？如果需要调整，请列出调整分录。

（2）如果被审计单位接受注册会计师的调整和披露建议，请草拟审计报告。

24. 审计人员王敏在对 BD 公司 2022 年度财务报表审计时，通过与该公司管理当局和前任注册会计师沟通，察觉到可能存在导致该公司年度财务报表失实的错误与舞弊。

要求：

（1）王敏对查明 BD 公司可能存在的错误与舞弊的责任。

（2）王敏对 BD 公司存在的错误与舞弊的报告责任。

25. ABC 会计师事务所首次接受委托，负责审计上市公司甲公司 2022 年度财务报表，并委派 A 注册会计师担任审计项目合伙人。相关事项如下：

（1）ABC 会计师事务所委派 B 注册会计师担任该项目质量控制复核合伙人，并负责甲公司某重要子公司的审计。

（2）在接受委托后，A 注册会计师向甲公司前任注册会计师询问甲公司变更会计师事务所的原因，得知原因是甲公司在某一重大会计问题上与前任注册会计师存在分歧。

（3）A 注册会计师拟在审计完成阶段实施针对特定项目（包括持续经营、法律法规、关联方等）的必要程序。

（4）在签署审计报告前，A 注册会计师授权会计师事务所另一合伙人 C 注册会计师复核了所有审计工作底稿，并就重大事项与其进行了讨论。

（5）A 注册会计师就某一重大审计问题咨询会计师事务所技术部门，但直至审计报告日（2023 年 3 月 2 日），仍未与技术部门达成一致意见。经与 B 注册会计师讨论，A 注册会计师出具了审计报告。

（6）B 注册会计师在 2023 年 3 月 5 日完成了项目质量复核。

要求：针对上述事项（1）～（6），逐项指出 ABC 会计师事务所及甲公司审计项目组成员存在哪些可能违反审计准则和质量管理准则的情况，并简要说明理由。

26. 甲公司是 ABC 会计师事务所的常年审计客户，主要从事日用消费品的生产和销售。A 注册会计师负责审计甲公司 2022 年度财务报表。2022 年度甲公司财务报表整体重要性为税前利润的 5%，即 5 000 000 元。（本题资料包括：资料一、资料二、资料三、资料四）

资料一：

A 注册会计师在审计工作底稿中记录了所了解的甲公司情况及其环境，部分内容摘录如下：

(1) 2022年度，甲公司主要原材料价格有所上涨。为稳定采购价格，甲公司适当增加部分新供应商，供应商数量由2021年年末的40家增加到2022年年末的45家。经审核批准后，所有新增供应商的信息被输入采购系统的供应商信息主文档。以前年度审计中对与供应商数据维护相关的控制测试未发现控制缺陷。

(2) 2022年3月，甲公司向乙公司采购合同总价为10 000 000元的原材料，原材料已入库。双方因原材料质量问题产生争议，甲公司未记录该笔采购交易。2022年11月，乙公司根据合同约定提出仲裁申请，要求甲公司全额支付货款并赔偿利息。截至2022年12月31日，该案件仍在听证过程中。

(3) 2021年12月31日，甲公司采购的金额为8 000 000元的原材料已入库，但因未收到供应商发票，未确认应付账款。A注册会计师在审计甲公司2021年度财务报表时，提出了相应的审计调整建议，甲公司予以采纳。

(4) 由于原材料和人工成本的上涨，甲公司产品的生产成本较去年同期平均上涨10%。甲公司在2021年3月全线提高产品销售价格。为保持市场占有率，甲公司在2022年度加大了促销活动力度。甲公司董事会批准的2022年度销售费用预算比2021年度实际销售费用增长15%。

(5) 甲公司举办的各类产品促销活动为期3个月到6个月。财务部根据市场部上报的经批准的促销活动预算按月预提促销费。甲公司的市场营销管理制度规定，市场部应当在每一项促销活动结束后一个月内统计该促销活动的实际支出，并办理核算手续，财务部据此补提或冲转预提费用。

(6) 甲公司内部审计部门2022年对甲公司各主要业务流程的控制执行了检查。内部审计报告指出，销售部门员工预支款长期挂账，未按公司规定定期结算，余额合计300 000元。

(7) 甲公司自2022年1月1日起推行新的付款预算管理制度，规定各部门必须在每月20日之前提交下月付款预算，超出预算的付款申请必须由部门经理、财务总监和总经理批准。

资料二：

A注册会计师在审计工作底稿中记录了所获取的甲公司的财务数据，部分内容摘录如下表。

甲公司财务数据（部分）　　　　　　　　　　　金额单位：元

项　目	未审数 2022年	已审数 2021年
存货——原材料	84 000 000	77 000 000
应付账款		
发票已收	50 000 000	45 000 000
发票未收	2 000 000	8 000 000
预提费用——促销活动费	63 000 000	39 000 000
销售费用	150 000 000	120 000 000

资料三：

A 注册会计师在审计工作底稿中记录了拟实施的控制测试和实质性程序，部分内容摘录如下：

(1) 对于 2022 年度新增的供应商，检查相关的审核批准手续是否按规定执行。

(2) 从 2022 年度"应付账款——发票已收"明细账贷方发生额中选取 60 笔采购交易，测试三单核对（订购单、入库验收单和供应商发票）控制的运行是否有效，并检查订购单是否得到适当的批准。

(3) 获取 2022 年 12 月 31 日应付账款未收账户明细清单，与相关订购单和入库验收单进行核对。

(4) 获取 2022 年 12 月和 2021 年 1 月的原材料入库记录，抽样检查相关的应付账款是否计入正确的期间。

(5) 获取期后销售费用明细账，检查是否存在与 2022 年度销售费用相关的调整事项。

(6) 对 2022 年度按明细类别及按月列示的销售费用实施分析程序，评估销售费用的合理性，并调查异常情况。

(7) 向甲公司的外部法律顾问发出法律意见询证函，询问诉讼、索赔及评估情况。

资料四：

A 注册会计师在审计过程中发现，甲公司管理层将 2022 年度发生的材料采购运输费用直接计入当年营业成本，未纳入存货采购成本进行核算，导致 2022 年度营业成本高估 6 000 000 元，2022 年 12 月 31 日的存货余额低估 6 000 000 元。A 注册会计师提出审计调整建议，甲公司管理层拒绝作出调整。

要求：

(1) 针对资料一中事项（1）～（7），结合资料二，假定不考虑其他条件，逐项指出资料一所列事项是否可能表明存在重大错报风险。如果认为存在重大错报风险，简要说明理由，并说明该风险主要与哪些财务报表项目（仅限于存货、应付账款、预付款项、其他应收款、预提费用、营业成本和销售费用）的哪些认定相关。

重大错报风险统计表

事项序号	是否可能表明存在重大错报风险（是/否）	理由	财务报表项目名称及认定
(1)			
(2)			
(3)			
(4)			
(5)			

(续表)

事项序号	是否可能表明存在重大错报风险（是/否）	理由	财务报表项目名称及认定
(6)			
(7)			

(2) 针对资料三中事项（1）～（7），假定不考虑其他条件，逐项指出审计程序与根据资料一（结合资料二）识别的重大错报风险是否直接相关。如果直接相关，指出对应的是识别的哪一项重大错报风险；如果不直接相关，指出该审计程序与哪个财务报表项目的哪一项认定最相关。

审计程序相关判断和认定表

审计程序序号	是否与根据资料一（结合资料二）识别出的重大错报风险直接相关（是/否）	与该审计程序直接相关的财务报表项目和认定
(1)		
(2)		
(3)		
(4)		
(5)		
(6)		
(7)		

(3) 针对资料四，假定不考虑其他条件，判断 A 注册会计师应出具何种类型的审计报告，并续编审计报告。在答题区处填列，若有不适用，则填写"不适用"。

审 计 报 告

甲公司全体股东：

一、对财务报表出具的审计报告

（一）（略）

（二）（略）

（三）关键审计事项

关键审计事项是根据我们的职业判断，认为对本期财务报表审计最为重要的事项。这些事项是在对财务报表整体进行审计并形成意见的背景下进行处理的，我们不对这些事项提供单独的意见。除"形成保留意见的基础"部分所述事项，我们确定下列事项是需要在审计报告中沟通的关键审计事项。

（按照《中国注册会计师审计准则第 1504 号——在审计报告中沟通关键审计事项》的规定描述每一关键审计事项。）

（四）管理层和治理层对财务报表的责任（略）

（五）注册会计师对财务报表审计的责任（略）

二、按照相关法律法规的要求报告的事项

（本部分的格式和内容，取决于相关法律法规对其他报告责任的性质的规定。）

ABC 会计师事务所　　　　　　　　　　中国注册会计师：×××
　　（盖章）　　　　　　　　　　　　　　　（签名并盖章）
　中国××市　　　　　　　　　　　　　中国注册会计师：×××
　　　　　　　　　　　　　　　　　　　　　（签名并盖章）
　　　　　　　　　　　　　　　　　　　　2023 年×月×日

综合案例分析题参考答案

1. 事项（1）不符合规定。会计师事务所主任会计师对质量管理制度承担最终责任。

事项（2）不符合规定。所有上市公司审计项目均应执行项目质量复核。

事项（3）符合规定。重大问题分歧未解决前不应出具审计报告。

事项（4）不符合规定。业务检查的周期不得超过3年，每3年至少应检查每个合伙人的业务1次。

事项（5）不符合规定。应将有关客户关系和审计业务的接受与保持的评估结论形成审计工作底稿。

事项（6）不符合规定。归档后，可以增加和修改、但不能删除或废弃审计工作底稿。

2. （1）该项业务作为鉴证业务，属于基于责任方认定的历史性财务信息审计业务；注册会计师为此应提供合理保证，并采用积极的方式提出审计意见。

（2）三方关系中的注册会计师是指K会计师事务所、责任方是指U公司管理层、预期使用者是指H银行。

（3）鉴证对象：U公司偿还H银行债务的能力；鉴证对象信息：U公司2022年12月31日资产负债表中的资产和负债类项目；鉴证标准：财政部颁布的《企业会计准则》。

（4）在初步了解业务环境后，只有认为符合独立性和专业胜任能力等相关职业道德的要求，并且拟承接的业务具备下列特征时，K会计师事务所才能承接该鉴证业务：

① 鉴证对象适当。

② 使用的标准适当且预期使用者能够获得该标准。

③ 注册会计师能够获取充分、适当的证据以支持其结论。

④ 注册会计师的结论以书面报告形式表述，且表述形式与所提供的保证程度相适应。

⑤ 业务具有合理的目的。

3. 事项（1）不违反。担任甲公司关键审计合伙人没有超过五年，不违反有关独立性要求。

事项（2）违反。会计师事务所不得向审计客户（甲公司）支付业务介绍费。

事项（3）违反。审计项目组成员B授权给理财顾问管理的经济利益（股票投资）属于B所拥有的直接经济利益，审计项目组成员不得在其审计客户拥有直接经济利益，否则对独立性产生严重不利影响。

事项（4）违反。审计项目组成员 C 的妻子曾在 2022 年财务报表审计涵盖期间担任能对财务报表的编制施加重大影响的职务，对独立性产生严重不利影响。

事项（5）违反。该交易不属于公平交易，将对独立性产生不利影响。

事项（6）违反。财务经理涉及管理层职责，短期借调员工不得承担甲公司的管理层职责，否则对独立性产生不利影响。

4. 事项（1）对独立性构成威胁。项目组负责人 A 注册会计师与审计客户的高级管理人员副总经理 H 之间存在长期交往，产生密切关系对独立性的威胁。

事项（2）对独立性构成威胁。项目组成员 B 与审计客户的基建处处长 I 关系密切，而且因为 I 是基建处处长，所以很可能会对财务报表中的在建工程等产生重大影响。同时项目组成员 B 是按照甲公司职工的付款标准付款的，并不是市场上的公允价，所以构成对独立性的威胁。

事项（3）对独立性不构成威胁。项目组成员 C 与审计客户甲公司的财务经理是校友关系，但不构成密切关系，所以不构成对独立性的影响。

事项（4）对独立性不构成威胁。项目组成员 D 的朋友拥有甲公司的债券，并不能够视同是 D 拥有审计客户的经济利益关系，也没有说是密切的朋友，所以不构成对独立性的影响。

事项（5）对独立性不构成威胁。原会计师事务所行政部经理 E 进入审计客户担任办公室主任的职务。由于 E 在会计师事务所没有具体从事过对甲公司的审计业务，同时在审计客户担任的职务对财务报表审计业务也没有影响，而且时间已经相隔 3 年，所以不构成对独立性的影响。

事项（6）对独立性产生威胁。项目组成员 F 的父亲可以对审计客户甲公司施加控制的乙上市公司拥有直接经济利益，并且甲公司对乙公司重要（由于甲是乙的子公司），则将产生重大的自身利益威胁。

5.（1）审计工作底稿归整期不符合审计准则。

理由：审计工作底稿归档期限是审计报告日后 60 天内，ABC 会计师事务所至少应当在 4 月 15 日前归档。

（2）审计工作底稿归整期后的变动不符合审计准则。

理由：A 注册会计师在 2023 年 5 月 20 日意识到甲公司存在舞弊行为属于"例外事项实施新的或追加的审计程序"导致修改底稿的情形。A 注册会计师应当记录以下内容：

①修改或增加审计工作底稿的时间和人员，以及复核的时间和人员。②修改或增加审计工作底稿的具体理由。③修改或增加审计工作底稿对审计结论产生的影响。

（3）ABC 会计师事务所销毁甲公司审计工作底稿严重违背审计准则要求。

理由：①会计师事务所应当自审计报告日起，对审计工作底稿至少保存 10 年。②注册会计师不得在规定的保存期届满前删除或废弃审计工作底稿。

ABC 会计师事务所应当对审计工作底稿实施的控制程序包括：①安全保管业务工作底稿并对业务工作底稿保密；②保证业务工作底稿的完整性；③设计和实施控制便于使用和检索业务工作底稿；④按照规定的期限保存业务工作底稿。

6.

审计程序、审计目标及相关审计证据

状况序号	审计程序	审计目标	审计证据类型
（1）	对期末现金进行重盘	报表反映适当性	实物证据
（2）	对期末存货截止期进行测试	存在性，会计记录完整性	书面证据
（3）	询问管理当局，函证 X 公司	存在性，会计记录完整性，所有权	口头证据书面证据
（4）	询问管理当局，函证 Y 公司 审阅相应有关合同与信函	所有权归属，报表反映适当性	口头证据书面证据
（5）	对上一年度的会计记录进行适当审阅并与前任 CPA 沟通	报表反映适当性	书面证据

7. 事项（1）存在不当之处。在承接业务前，项目负责人 A 注册会计师应在取得甲公司的书面授权后，与前任注册会计师进行沟通。XYZ 会计师事务所和 DFG 会计师事务所均属于前任注册会计师，均应进行沟通。

事项（2）存在不当之处。按照质量控制准则和职业道德的规定，能否承接业务，除了考虑管理层是否诚信外，还要评价是否具有专业胜任能力和独立性。

事项（3）存在不当之处。在通过查阅前任的工作底稿获取期初余额的证据时，注册会计师不能直接得出结论，必须考虑前任的独立性和专业胜任能力，不能完全依赖前任的工作底稿。

事项（4）存在不当之处。如果期初余额存在对本期财务报表产生重大影响的错报，注册会计师应当告知被审计单位管理层，并提请管理层调整；如果上期财务报表由前任注册会计师审计，注册会计师还应当考虑提请被审计单位管理层告知前任注册会计师，必要时安排三方会谈。

事项（5）存在不当之处。查阅前任注册会计师工作底稿获取的信息可能影响后任注册会计师实施审计程序的性质、时间和范围，但后任注册会计师应当对自身实施的审计程序和得出的审计结论负责。后任注册会计师不应在审计报告中表明，其审计意见全部或部分地依赖前任注册会计师的审计报告或工作。

8. 事项（1）存在不当之处。重要性的确定是根据具体环境作出的，不能仅根据两个公司的业务性质和规模相似，而使用相同的重要性水平。

事项（2）存在不当之处。计划审计工作不是一个孤立的阶段，而是一个持续不断修正的过程，贯穿于审计业务的始终。

事项（3）无不当之处。

事项（4）存在不当之处。除非监盘程序是不可行的，否则注册会计师应对存货实施监盘程序。注册会计师不能由于时间、成本等原因,减少必要的审计程序。

事项(5)无不当之处。

9.(1)降低交易性金融资产项目的重要性水平将导致本项目可接受检查风险提高,但不影响本项目可接受审计风险。因为可接受检查风险是注册会计师未能发现本项目存在的重大错报的可能性,而重要性水平是界定错报是否重大的重要标准。随着重要性水平的降低,本项目中存在的重大错报风险随之增加,注册会计师应根据更低的可接受检查风险水平确定应实施的审计程序和应获取的审计证据,以便查出更多的重大错报。可接受审计风险代表了审计业务的保证程度,不随具体情况的变化而变化。

(2)针对上述情况,注册会计师应增加审计证据的数量,这将增加所耗费的审计时间,并导致审计程序实施范围的扩大。

(3)在审计程序的种类上,注册会计师应着重增加监盘、函证两种审计程序的范围。具体来说,对于 M 公司自行保管的与交易性金融资产相关的有价证券,应实施更为广泛的监盘程序,对由金融机构代管的证券,应增加函证的数量。

10.(1)购货发票较为可靠。购货发票是注册会计师从被审计单位以外的单位获取的审计证据,比被审计单位提供的收料单更可靠。

(2)销货发票副本较为可靠。销货发票副本属于在被审计单位外部流传的证据,比仅在被审计单位内部流传的产品出库单更可靠。

(3)领料单较为可靠。材料成本计算表所依据的原始凭证是领料单,因此,领料单比材料成本计算表更可靠。

(4)工资发放单较为可靠。工资发放单上有受领人的签字。所以,工资发放单较工资计算单更可靠。

(5)存货监盘记录较为可靠。存货盘点表是被审计单位对存货盘点的记录,而存货监盘记录是注册会计师实施存货监盘程序的记录,所以,存货监盘记录较存货盘点表可靠。

(6)银行询证函回函较为可靠。注册会计师直接获取的银行存款函证回函较被审计单位提供的银行对账单更可靠。

11.

财政报表审计程序表

审计程序	获取审计证据的方法	实现的主要审计目标
(1)	重新计算	准确性、计价和分摊
(2)	函证	存在
(3)	重新执行	测试内部控制是否得到有效执行
(4)	监盘	存在、权利和义务

12.事项(1)不恰当。注册会计师应当对函证的全过程保持控制/可靠性不足。

事项(2)恰当。

事项（3）不恰当。注册会计师应当核实被询证者的信息/电子回函的可靠性存在风险，注册会计师和回函者要采用一定的程序创造安全环境。

事项（4）不恰当。函证的差异不能仅以口头解释为证据，应实施其他审计程序核实不符事项。

事项（5）不恰当。选取特定项目的方法不能以样本的测试结果推断至总体/仍然可能存在重大错报风险。

13. 情况（1）不符合。按规定，审计工作底稿编制应使未曾接触该项审计工作的有经验的专业人士清楚地了解所实施的审计程序的性质、时间和范围。

情况（2）不符合。审计工作底稿的复核应由项目组内经验较多的人员（包括项目负责人）复核经验较少人员的工作，相互复核是不正确的。

情况（3）不符合。项目质量复核人对审计工作底稿的复核不是逐张复核，故只需在所复核的工作底稿上签字，无需逐张签字。

情况（4）不符合。项目质量复核的重点内容是项目组作出的重大判断和项目在准备审计报告时得出的结论。

情况（5）不符合。当审计程序结果表明需要修正对重大错报风险的评估，而且要修改相应的应对措施时，才将该结果列为重大事项。

情况（6）符合。注册会计师应当及时记录与管理层、治理层和其他人员对重大事项的讨论，包括讨论的内容、时间、地点和参加人员。

14.（1）该事项不重要。$1\,820 \div 40\,000\,000 \times 100\% = 0.004\,55\%$，占比很小，达不到重要性水平。在审计实施阶段，审计人员可获取相关证据，出具管理建议书，将相关内控存在的问题报告给管理层，并提出建议措施。在出具报告阶段，无需进行调整与披露。但可以就该内控事宜与管理层沟通，可以与管理层商讨就该内控事项作出的调整计划与步骤。

（2）该单独事项不重要。$3\,850 \div 8\,000\,000 \times 100\% = 0.048\,125\%$，未达重要性水平。但该事项性质比较重要。审计人员在审计实施阶段应注意增加审计程序，搜集相关证据，看有无类似收入列入小金库的事项，并汇总进行统计。如果金额较大，要作出调整。如果被审计单位拒绝调整，如果汇总金额较大，审计人员拟出具保留意见的审计报告。同样，审计人员在审计实施阶段可就该事项出具管理建议书，与管理层商讨加强内控措施。

（3）该事项构成重大事项，对存货这个资产负债表项目来说，已超过其重要性水平。

15.（1）在制订计划时，注册会计师应使用被认为对任何一张财务报表都重要的最小的错报总体水平，所以应选择 $1\,500\,000$ 元作为所有财务报表的计划重要性水平，即财务报表层次的重要性水平。

（2）在计划审计工作时，注册会计师应当考虑导致财务报表发生重大错报的原因。注册会计师应当在了解被审计单位及其环境的基础上确定重要性，并随着审计过程的推进，通过计划阶段确定的重要性水平，评估出注册会计师可接受的审计风险及需要获取的审计证据的数量。注册会计师应当对各类交易、账户余额及其列报认定层次的重要性进行评估，以有助于进一步确定审计程序的性质、时间和范围，将审计风险降至可接受的低水平。在评价审计程序结果时，注册会计师确定的重要性和审计风险，可能与计划审计工作时评估的重要性和审计风险存在差异。在这种情况下，注册会计师应当重新确定重要性和审计风险，并考虑实施的审计程序是否充分。

（3）重要性与审计风险之间存在反向关系。重要性水平越高，审计风险越低；重要性水平越低，审计风险越高。注册会计师在确定审计程序的性质、时间和范围时应当考虑这种反向关系。

（4）此时注册会计师修正的这一重要性水平 1 000 000 元，比原先确定的 1 500 000 元低，审计风险将增加。注册会计师应当选用下列方法将审计风险降至可接受的低水平：①如有可能，通过扩大控制测试范围或实施追加的控制测试，降低评估的重大错报风险，并支持降低后的重大错报风险水平；②通过修改计划实施的实质性程序的性质、时间和范围，降低检查风险。

16.

部分内容摘录

组成部分	是否恰当（是/否）	理由
乙公司	否	组成部分重要性应当低于集团财务报表整体的重要性
丙公司	否	如果实际执行的重要性由组成部分注册会计师确定，应当评价其适当性
丁公司	是	
戊公司	否	如果对组成部分财务信息执行审阅，应当确定组成部分重要性
戊公司	是	
庚公司	是	

17.（1）相关行业状况、法律环境与监管环境以及其他外部因素；被审计单位的性质；被审计单位对会计政策的选择和运用；被审计单位的目标、战略以及相关经营风险；被审计单位财务业绩的衡量和评价；被审计单位的内部控制。

（2）A 和 B 注册会计师还可以实时分析程序。

（3）A 和 B 注册会计师应询问如下事项：

① 管理层所关注的主要问题。如新的竞争对手、主要客户和供应商的流失、新的税收法规的实施以及经营目标或战略的变化等。

② 被审计单位最近的财务状况、经营成果和现金流量。

③ 可能影响财务报告的交易和事项，或者目前发生的重大账务处理问题。如重大的购并事宜等。

④ 观察被审计单位的经营活动；检查文件、记录和内部控制手册；阅读由管理层

和治理层编制的报告;实地查看被审计单位的生产经营场所和厂房、设备;追踪交易在财务报告信息系统中的处理过程。

18. (一)

情况(1):玉风公司开辟了新的经营场所。尽管经过了专家的把关,但在新基地生产的产品能否得到市场的认可,仍有待观察。本情况可能影响公司的财务状况,进而导致财务报表产生重大错报,并将增加玉风公司的经营风险。

情况(2):虽然仓储部门安装了新的信息系统,但该系统并未与玉风公司的财务报告工作直接发生联系,不会导致财务报表产生重大错报风险。

情况(3):本情况表明玉风公司在开发新的原材料。由于尚处于试验阶段,玉风公司可能存在新的经营风险,进而导致财务报表产生重大错报。

情况(4):通常情况下,开发新产品将导致重大经营风险的增加,但在本合作协议中,玉风公司以无形资产的使用权出资,除了负责5名工程师的工资外,并未有任何资金投入,从而不导致财务报表产生重大错报风险。

情况(5):稀有玉石的开采是一种风险极高、安全保障较低并严重污染环境的行业。玉风公司在这种高风险、高波动的市场行业开展业务,将导致财务报表重大错报风险以及经营风险的增加。

情况(6):正常的财务人员轮换有助于降低财务信息的重大错报风险。本情况不属于重大错报风险增加的情形。

情况(7):出售分支机构属于导致重大错报风险增加的情况之一,预示着玉风公司市场的萎缩,可能导致重大的经营风险。

情况(8):经营活动受到监管机构的调查可能对经营状况产生严重影响,从而导致财务报表产生重大错报风险和经营风险。

情况(9):此交易属于重大的非常规交易。很可能直接导致财务报表中利润总额的重大错报,产生重大错报风险。

情况(10):按照管理层的特定意图记录交易,很可能导致财务报表产生重大错报风险。

(二)

情况(3)导致的重大错报风险属于特别风险。化学试验的性质不仅表明了该情况很可能导致污染环境,而且超出本行业正常生产经营的范围。

情况(5)导致的重大错报风险属于特别风险。玉风公司在高风险、高波动的市场行业开展业务,属于超出正常经营活动的重大交易容易导致的特别风险。

情况(8)导致的重大错报风险属于特别风险。经营活动受到监管机构的调查属于重大的或有事项,可能导致玉风公司难以实施有效控制的后果。

情况(9)导致的重大错报风险属于特别风险。具体来说,属于由重大的非常规交易导致的特别风险。

情况(10)导致的重大错报风险属于特别风险。按照管理层的特定意图记录交易,属于管理层过多地干预账户记录的特别风险。

19. 事项（1）不恰当。应当记录对重要性作出的修改以及理由，因此应当保留原重要性和重新评估的重要性的修改痕迹。

事项（2）不恰当。对于需要系统化抽样的审计程序，注册会计师可能会通过记录样本的来源、抽样的起点及抽样间隔来识别已选取的样本。仅仅通过样本的来源，不足以识别已选取的样本。

事项（3）恰当。

事项（4）不恰当。应当在报告日后60天内将工作底稿归档。

事项（5）不恰当。在归整审计档案后，如果有必要修改或增加底稿，应记录修改或增加底稿的时间和人员，以及复核的时间和人员；记录修改或增加底稿的理由。

事项（6）不恰当。在完成归档后，不应在规定保管期限届满前删除或废弃任何审计工作底稿。

20. 抽样间隔＝总体容量÷样本规模＝72÷6＝12，选取的6笔应付票据业务分别第7、第19、第31、第43、第55、第67笔业务。实际价值与账面价值的比率＝1 680 000÷1 400 000＝1.2，Y公司2022年12月31日应付票据的总体实际价值应推断为18 000 000元（15 000 000×1.2）。

21.（1）估计的存货项目审定金额＝980×1 000＝980 000（元）。

（2）推断的存货项目总体错报＝1 000 000－980 000＝20 000·（元）由于存货项目的重要性水平为15 000元，A注册会计师推断的总体错报为20 000元，大于其重要性水平，说明存货项目存在重大错报，总体不能接受。

22.（1）均值估计抽样：

9 000 000÷200＝45 000（元）

45 000×6 000＝270 000 000（元）

270 000 000－300 000 000＝－30 000 000（元）

（2）差额估计抽样：

（9 000 000－12 000 000）÷200＝－15 000（元）

－15 000×6 000＝－90 000 000（元）

（3）比率估计抽样：

$9\ 000\ 000 \div 12\ 000\ 000 = \frac{3}{4}$

$300\ 000\ 000 \times \frac{3}{4} = 225\ 000\ 000$（元）

225 000 000－300 000 000＝－75 000 000（元）

23.（1）针对上述情况，注册会计师应分别出具的审计报告为：

① 出具保留意见审计报告。因为上期的未决诉讼，前任注册会计师签发了保留意见，而该诉讼到2023年2月10日仍未有结果，且律师还拒绝提供有关信息，所以，应

出具保留意见的审计报告。

②应建议该公司补提8～12月份折旧，同时冲减管理费用30 000元，并增加固定资产。

其调整分录为：

借：固定资产　　　　　　　　　　　　　　　　　　　　　　　30 000
　　贷：管理费用　　　　　　　　　　　　　　　　　　　　　　　30 000

借：管理费用［（30 000－30 000×5%）÷5÷12×5］　　　　　　2 375
　　贷：累计折旧　　　　　　　　　　　　　　　　　　　　　　　2 375

③建议该公司在报表附注中披露存货计价方法的变更。如果该公司接受建议则出具无保留意见审计报告；如果拒绝接受建议则出具保留意见审计报告。

(2) 草拟审计报告如下：

审 计 报 告

CA股份有限公司全体股东：

一、对财务报表出具的审计报告

（一）保留意见

我们审计了CA股份有限公司（以下简称"CA公司"）财务报表，包括2022年12月31日的资产负债表、2022年度的利润表、现金流量表和股东权益变动表以及财务报表附注。

我们认为，除"形成保留意见的基础"部分所述事项产生的影响外，后附的财务报表在所有重大方面按照企业会计准则的规定编制，公允反映了CA公司2022年12月31日的财务状况以及2022年度的经营成果和现金流量。

（二）形成保留意见的基础

CA公司2021年度会计报表系由其他会计师事务所审计，而于2022年2月25日出具保留意见的审计报告。由于该未决诉讼案件截至2022年12月31日仍未确定，因此，无法估计其对贵公司2022年度会计报表的影响。

我们按照中国注册会计师审计准则的规定执行了审计工作。审计报告的"注册会计师对财务报表审计的责任"部分进一步阐述了我们在这些准则下职业道德方面的责任。按照中国注册会计师职业道德守则，我们独立于CA公司，并履行了职业道德方面的其他责任。我们相信，我们获取的审计证据是充分、适当的，为发表保留意见提供了基础。

（三）关键审计事项

关键审计事项是根据我们的职业判断，认为对本期财务报表审计最为重要的事项。这些事项是在对财务报表整体进行审计并形成意见的背景下进行处理的，我们不对这些事项提供单独的意见。除"形成保留意见的基础"部分所述事项，我们确定下列事项是需要在审计报告中沟通的关键审计事项。

（按照《中国注册会计师审计准则第 1504 号——在审计报告中沟通关键审计事项》的规定描述每一关键审计事项。）

（四）管理层和治理层对财务报表的责任

管理层负责按照企业会计准则的规定编制财务报表，使其实现公允反映，并设计、执行和维护必要的内部控制，以使财务报表不存在由于舞弊或错误导致的重大错报。

在编制财务报表时，管理层负责评估 CA 公司的持续经营能力，披露与持续经营相关的事项（如适用），并运用持续经营假设，除非计划清算 CA 公司、停止运营或别无其他现实的选择。

治理层负责监督 CA 公司的财务报告过程。

（五）注册会计师对财务报表审计的责任

我们的目标是对财务报表整体是否不存在由于舞弊或错误导致的重大错报获取合理保证，并出具包含审计意见的审计报告。合理保证是高水平的保证，但并不能保证按照审计准则执行的审计在某一重大错报存在时总能发现。错报可能由于舞弊或错误导致，如果合理预期错报单独或汇总起来可能影响财务报表使用者依据财务报表作出的经济决策，则通常认为错报是重大的。

在按照审计准则执行审计的过程中，我们运用了职业判断，保持了职业怀疑。我们同时：

（1）识别和评估由于舞弊或错误导致的财务报表重大错报风险；对这些风险有针对性地设计和实施审计程序；获取充分、适当的审计证据，作为发表审计意见的基础。由于舞弊可能涉及串通、伪造、故意遗漏、虚假陈述或凌驾于内部控制之上，未能发现由于舞弊导致的重大错报的风险高于未能发现由于错误导致的重大错报的风险。

（2）了解与审计相关的内部控制，以设计恰当的审计程序，但目的并非对内部控制有效性发表意见。

（3）评价管理层选用会计政策的恰当性和作出会计估计及相关披露的合理性。

（4）对管理层使用持续经营假设的恰当性得出结论。同时，根据获取的审计证据，就可能导致对 CA 公司持续经营能力产生重大疑虑的事项或情况是否存在重大不确定性得出结论。如果我们得出结论认为存在重大不确定性，审计准则要求我们在审计报告中提请报表使用者注意财务报表中的相关披露；如果披露不充分，我们应当发表非无保留意见。我们的结论基于审计报告日可获得的信息。然而，未来的事项或情况可能导致 CA 公司不能持续经营。

（5）评价财务报表的总体列报、结构和内容（包括披露），并评价财务报表是否公允反映相关交易和事项。

我们与治理层就计划的范围、时间安排和重大审计发现（包括我们在审计中识别的值得关注的内部控制缺陷）等事项进行沟通。

我们还就遵守关于独立性的相关职业道德要求向治理层提供声明，并就可能被合理认为影响我们独立性的所有关系和其他事项，以及相关的防范措施（如适用）与治理层进行沟通。

从与治理层沟通的事项中，我们确定哪些事项对本期财务报表审计最为重要，因而构成关键审计事项。我们在审计报告中描述这些事项，除非法律法规禁止公开披露这些事项，或在极其罕见的情形下，如果合理预期在审计报告中沟通某些事项造成的负面后果超过在公众利益方面产生的益处，我们确定不应在审计报告中沟通该事项。

二、按照相关法律法规的要求报告的事项

（本部分的格式和内容，取决于相关法律法规对其他报告责任的性质的规定。）

×××事务所　　　　　　　　　　　中国注册会计师：孟某
　　（盖章）　　　　　　　　　　　　（签名并盖章）

中国××市　　　　　　　　　　　　中国注册会计师：姜某
　　　　　　　　　　　　　　　　　　（签名并盖章）

　　　　　　　　　　　　　　　　　　2023年2月10日

24.（1）王敏对查明BD公司可能存在的错误与舞弊的责任是：①评估公司可能发生的错误与舞弊导致会计报表严重失实的风险；②在规划审计工作时，提供能查明会计报表中可能存在重大错误与舞弊的合理保证；③在编制和实施审计计划时，应以应有的职业怀疑态度取得能查明导致会计报表严重失实的重大错误与舞弊的合理保证。

（2）王敏对BD公司存在的错误与舞弊的报告责任是：①以适当方式向公司管理当局告知审计过程中发现的重大错误及所有舞弊，并详细记录于工作底稿；②对于涉嫌重大错误或舞弊的人员，应当向公司高层管理人员报告；③当怀疑公司最高层管理人员涉及舞弊时，应当考虑采取适当的措施；必要时应当征求律师意见或解除业务约定。

25. 事项（1）不符合规定。项目质量复核人在复核期间不以其他方式参与审计业务，否则影响其客观性。

事项（2）不符合规定。应在接受委托前与前任注册会计师沟通变更事务所的原因，判断是否适宜接受委托。

事项（3）不符合规定。应在计划阶段针对特定项目实施准则要求在计划阶段应实施的程序。

事项（4）不符合规定。项目合伙人应复核工作底稿，而不应委托他人复核。

事项（5）不符合规定。只有在项目组与被咨询方分歧解决后才能出具审计报告。

事项（6）不符合规定。项目质量复核应在报告日或之前完成。

26.（1）

重大错报风险统计表

事项序号	是否可能表明存在重大错报风险（是/否）	理由	财务报表项目名称及认定
（1）	否		

(续表)

事项序号	是否可能表明存在重大错报风险（是/否）	理由	财务报表项目名称及认定
（2）	是	管理层应根据仲裁进展情况作出会计估计，在财务报表中确认或披露该事项。可能存在未恰当确认或披露的重大错报风险	应付账款（权利与义务/完整性） 存货（权利与义务/完整性）
（3）	是	2022年年末应付账款——发票未收余额明显低于2021年年末已审数，不合理/上年审计出现低估应付账款的重大错报，本年度可能出现重大错报	存货（完整性） 应付账款（完整性）
（4）	是	销售费用实际增长25%，明显超过预算增长率15%，且金额重大，可能存在多计销售费用的重大错报风险	销售费用（发生）
（5）	是	按预算计提可能导致费用计量不准确。年末预提余额比上年末增加61%。可能存在多预提促销活动费的重大错报风险	销售费用（发生） 预提费用（存在）
（6）	否		
（7）	否		

（2）

审计程序相关判断和认定表

审计程序序号	是否与根据资料一（结合资料二）识别的重大错报风险直接相关（是/否）	与根据资料一（结合资料二）识别的重大错报风险直接相关（资料一序号）	如果不直接相关，与该审计程序最相关的项目名称及认定
（1）	否		应付账款（存在）
（2）	否		应付账款（存在/准确性、计价和分摊）
（3）	否		应付账款（存在/准确性、计价和分摊）
（4）	是	（3）	
（5）	是	（4）（5）	
（6）	是	（4）	
（7）	是	（2）	

（3）

① 审计报告意见类型：A注册会计师应出具保留意见的审计报告。

② 续编审计报告：

审 计 报 告

甲公司全体股东：

一、对财务报表出具的审计报告

（一）保留意见

我们审计了甲公司财务报表，包括2022年12月31日的资产负债表、2022年度的利润表、现金流量表和股东权益变动表以及财务报表附注。

我们认为，除"形成保留意见的基础"部分所述事项产生的影响外，后附的财务报表在所有重大方面按照企业会计准则的规定编制，公允反映了甲公司2022年12月31日的财务状况以及2022年度的经营成果和现金流量。

（二）形成保留意见的基础

甲公司将材料采购的运输费用直接计入当年营业成本，不符合企业会计准则的规定。如计入存货采购成本，存货将增加600万元，营业成本将减少600万元，净利润和所有者权益将增加600万元。

我们按照中国注册会计师审计准则的规定执行了审计工作。审计报告的"注册会计师对财务报表审计的责任"部分进一步阐述了我们在这些准则下职业道德方面的责任。按照中国注册会计师职业道德守则，我们独立于ABC公司，并履行了职业道德方面的其他责任。我们相信，我们获取的审计证据是充分、适当的，为发表保留意见提供了基础。

（三）关键审计事项

关键审计事项是根据我们的职业判断，认为对本期财务报表审计最为重要的事项。这些事项是在对财务报表整体进行审计并形成意见的背景下进行处理的，我们不对这些事项提供单独的意见。除"形成保留意见的基础"部分所述事项外，我们确定下列事项是需要在审计报告中沟通的关键审计事项。

（按照《中国注册会计师审计准则第1504号——在审计报告中沟通关键审计事项》的规定描述每一关键审计事项。）

（四）管理层和治理层对财务报表的责任（略）

（五）注册会计师对财务报表审计的责任（略）

二、按照相关法律法规的要求报告的事项

（本部分的格式和内容，取决于相关法律法规对其他报告责任的性质的规定。）

ABC会计师事务所　　　　　　　　　　　　中国注册会计师：×××
　　（盖章）　　　　　　　　　　　　　　　　（签名并盖章）
中国××市　　　　　　　　　　　　　　　中国注册会计师：×××
　　　　　　　　　　　　　　　　　　　　　　（签名并盖章）
　　　　　　　　　　　　　　　　　　　　2023年×月×日

模拟试题（一）

一、单项选择题（本题型共25题，每题1分，共25分，每题只有一个正确答案）

1	2	3	4	5	6	7	8	9	10
11	12	13	14	15	16	17	18	19	20
21	22	23	24	25					

1. 鉴证标准不适当时，注册会计师的下列做法中，不正确的是（　　）。
   A. 如果拟承接的业务鉴证标准不适当时，一般拒绝承接该业务
   B. 委托人能够确认鉴证对象的某个方面适用于所采用的标准，可以针对该方面执行鉴证业务，但在鉴证报告中应当说明该报告中的内容并非针对鉴证对象整体
   C. 能够选择或设计适用于鉴证对象的其他标准的，可以考虑将其作为一项新的鉴证业务
   D. 继续按照原来的标准承接该业务，并在鉴证报告中说明鉴证标准对鉴证对象不适当

2. 根据职业道德基本原则，以下关于独立性的陈述中，不恰当的是（　　）。
   A. 实质上的独立性要求注册会计师在执行鉴证业务提出结论时其职业判断不受损害
   B. 实质上的独立性要求注册会计师与所有客户之间不存在任何经济利益关系
   C. 注册会计师形式上的不独立会被推定为其诚信、客观或职业怀疑态度已经受到损害
   D. 注册会计师在执行鉴证业务时必须在实质和形式上都遵循独立性要求

3. 注册会计师可以通过实施实质性程序改变（　　）。
   A. 实际的固有风险　　　　　　　　　B. 实际的控制风险
   C. 评估的重大错报风险　　　　　　　D. 可接受的审计风险

4. 在执行审计业务时，注册会计师应当确定合理的重要性水平。下列做法中，正确的是（　　）。

A. 通过调高重要性水平，降低评估的重大错报风险

B. 通过调低重要性水平，降低评估的重大错报风险

C. 在确定计划的重要性水平时，应当考虑对被审计单位及其环境的了解

D. 在确定计划的重要性水平时，应当考虑实施进一步审计程序的结果

5. 如果X公司的竞争对手开发的新产品上市并获得消费者的高度认可，最可能导致X公司（　　）的重大错报风险上升。

  A. 固定资产闲置   B. 存货跌价

  C. 应收账款难以收回   D. 原材料短缺

6. 注册会计师一般无须从（　　）方面考虑与进一步审计程序的时间安排有关的问题。

A. 下期审计可以利用本期收集的哪些证据

B. 期末审计可否利用期中审计获得的证据

C. 本期审计能否利用上期审计获得的证据

D. 具体应获取什么期间或什么时点的证据

7. 下列关于注册会计师审计的说法中，不正确的是（　　）。

A. 注册会计师审计是随着企业的所有权和经营权的分离而产生的

B. 美国式注册会计师审计主要是了解企业的信用的资产负债表审计

C. 注册会计师审计随着企业规模的扩大而日益重要

D. 注册会计师审计可以提高财务信息的可信度

8. 下列关于各种注册会计师审计业务的说法中，错误的是（　　）。

A. 财务报表审计是注册会计师通过执行审计工作，对财务报表是否按照适用的财务报告编制基础编制发表审计意见

B. 经注册会计师审计后的财务报表通常由被审计单位管理层提供给外部利益相关者使用，内部决策不会利用注册会计师的审计结果

C. 合规性审计是注册会计师确定被审计单位是否遵循了特定的法律、法规、程序和规则，或者是否遵守将影响经营或报告的合同的要求

D. 合规性审计的结果通常报送给被审计单位管理层或外部特定使用者

9. 在本期审计业务开始时，A注册会计师应当开展的初步业务活动是（　　）。

  A. 就审计范围与甲公司管理层沟通   B. 获取甲公司管理层声明书

  C. 就审计责任与甲公司治理层沟通   D. 评价项目组成员的独立性

10. 在制定总体审计策略的初始阶段，A注册会计师应当做的工作是（　　）。

A. 识别可能防止、发现并纠正舞弊的特定内部控制活动

B. 评价甲公司会计估计的合理性

C. 与甲公司管理层讨论实施审计程序的时间

D. 向律师询问是否存在尚未披露的诉讼

11. 注册会计师查明被审计单位2022年度的净利润为－2 000 000元，但利润表表

上列示的净利润为 1 000 000 元。如果注册会计师出具了（   ）审计报告，则最可能被判定为欺诈。

    A. 无保留意见   B. 保留意见   C. 否定意见   D. 无法表示意见

12. 注册会计师在与治理层就计划的审计范围和时间安排进行沟通时，不宜沟通（   ）。

    A. 在审计中对重要性概念的运用   B. 拟如何应对由于舞弊导致的特别风险
    C. 存货监盘过程中拟抽盘的存货   D. 对与审计相关的内部控制采取的方案

13. 下列关于自动控制与手工控制的说法中，不正确的是（   ）。

    A. 自动控制比较不容易被绕过
    B. 自动控制能够有效处理大流量交易及数据
    C. 自动信息系统、数据库及操作系统的相关安全控制可以实现有效的职责分离
    D. 人工控制可以提高管理层对企业业务活动及相关政策的监督水平

14. 下列有关完成审计工作的相关表述中，正确的是（   ）。

    A. 对审计中发现的核算错误，正确编制审计差异调整表的关键是如何运用审计实质重于形式的原则来划分建议调整的不符事项与未调整不符事项
    B. 对审计中发现的核算错误，正确编制审计差异调整表的关键是如何运用审计重要性原则来划分建议调整的不符事项与未调整的不符事项
    C. 项目负责经理对审计工作底稿的全面复核主要是对重要审计事项的重点把关
    D. 对于单笔核算错误大大低于所涉及财务报表项目（或账项）层次重要性水平，并且性质不重要的，注册会计师直接将其视为未调整不符事项

15. 在财务报表审计中，以下有关管理层对财务报表责任的陈述中，不恰当的是（   ）。

    A. 选择和运用恰当的会计政策
    B. 保证财务报表不存在重大错报以减轻注册会计师的责任
    C. 根据企业的具体情况，作出合理的会计估计
    D. 选择适用的会计准则和相关会计制度

16. 如果是连续审计业务，在下列情况下，可能需要注册会计师提醒被审计单位管理层关注或修改现有业务约定条款的是（   ）。

    A. 注册会计师对上期财务报表出具了非标准审计报告
    B. 会计师事务所内部做了重大调整
    C. 被审计单位对上期财务报表作出重述
    D. 被审计单位所有权发生重大变动

17. 下列关于分析程序的说法中，不正确的是（   ）。

    A. 在风险评估过程中使用的分析程序所进行比较的性质、预期值的精确程度，以及所进行的分析和调查的范围都并不足以提供很高的保证水平
    B. 当重大错报风险较低且数据之间具有稳定的预期关系，注册会计师单独使用实

质性分析程序也能获取充分、适当的证据

C. 实质性分析程序所提供的证据的证明力相对较弱

D. 实质性分析程序必须与细节测试结合运用

18. 如果注册会计师将财务报表日前适当日期作为函证的截止日，则说明注册会计师评估的认定层次重大错报风险是（　　）。

  A. 高水平   B. 低水平   C. 特别风险   D. 无法应对风险

19. 审计工作底稿归整形成审计档案，下列关于审计档案的表述中，不恰当的是（　　）。

  A. 对每项具体审计业务，注册会计师应当将审计工作底稿归整为审计档案

  B. 永久性档案是指那些记录内容相对稳定，具有长期使用价值，并对以后审计工作具有重要影响和直接作用的审计档案

  C. 当期档案是指那些记录内容经常变化，主要供当期审计使用的审计档案

  D. 永久性档案需要永久保存，当期档案至少保存10年

20. 在审计计划阶段，若注册会计师期望的审计风险确定为4.5%，并评估被审计单位固有风险为60%，控制风险为60%，则注册会计师应承担的检查风险为（　　）。

  A. 3.6%   B. 1.62%   C. 2.7%   D. 12.5%

21. 在理解重要性概念时，下列表述中，错误的是（　　）。

  A. 重要性取决于在具体环境下对错报金额和性质的判断

  B. 如果一项错报单独或连同其他错报可能影响财务报表使用者依据财务报表作出的经济决策，则该错报是重大的

  C. 判断一项错报对财务报表是否重大，应当考虑对个别特定财务报表使用者产生的影响

  D. 较小金额错报的累计结果，可能对财务报表产生重大影响

22. 下列关于内部控制的局限性说法中，错误的是（　　）。

  A. 内部控制无论如何有效，都只能为被审计单位实现财务报告目标提供合理保证

  B. 在决策时人为判断错误可能出现错误和因人为失误导致内部控制失效

  C. 控制可能由于两个人或更多的人员串通或管理层不当地凌驾于内部控制之上而被规避

  D. 内部控制是针对所有发生的业务设置的，对全部业务均适用

23. 如果控制环境存在缺陷，注册会计师在对拟实施审计程序的性质、时间安排和范围作出总体修改时应当考虑（　　）。

  A. 在期中实施更多的审计程序 B. 主要依赖实质性程序获取证据

  C. 主要依赖实施分析程序   D. 扩大控制测试的范围

24. 下列各项风险中，对审计工作的效率和效果都产生影响的是（　　）。

  A. 信赖过度风险   B. 非抽样风险

  C. 信赖不足风险   D. 误受风险

25. 内部控制的控制环境不包括（　　）。
   A. 组织结构　　　　　　　　　　B. 职权与责任的分配
   C. 交易授权　　　　　　　　　　D. 人力资源政策与实务

二、多项选择题（本题型共10题，每题2分，共20分。每题均有多个正确答案，请从每题的备选答案中选出你认为正确的答案，每题所有答案选择正确的得分；不答、错答、漏答均不得分）

26	27	28	29	30
31	32	33	34	35

26. 下列表述中，正确的有（　　）。
   A. 审计署是国家最高审计机关，是国务院的组成部门
   B. 国务院设立审计署，在国务院总理领导下，主管全国的审计工作
   C. 我国建立了从中央到地方的政府审计组织体系
   D. 县级以上地方政府设立审计机关负责本行政区域内的审计工作

27. 下列事项中，属于注册会计师职业道德基本原则的有（　　）。
   A. 专业胜任能力和勤勉尽责　　　B. 独立性、客观和公正以及廉洁
   C. 诚信、独立性、客观公正　　　D. 良好职业行为和保密

28. 下列描述中，不正确的有（　　）。
   A. 信息系统经常运行出错，应该扩大对信息系统的审计范围
   B. 信息系统越复杂，对信息系统的审计范围越小
   C. 信息技术环境的规模越大，对信息系统的审计范围越小
   D. 某流程越涉及大量操作及决策活动，对该流程的审计范围越小

29. 在完成审计工作阶段，注册会计师需要评价审计结果，主要为了确定将要发表的审计意见的类型以及在整个审计工作中是否遵循了审计准则，此阶段注册会计师必须完成的两项工作包括（　　）。
   A. 对被审计单位已审计财务报表形成审计意见并草拟审计报告
   B. 实施控制测试
   C. 修改审计计划阶段确定的财务报表层次重要性水平
   D. 对重要性和审计风险进行最终的评价

30. 关于审计风险模型，下列说法中，正确的有（　　）。
   A. 控制风险是某类交易、账户余额的某一认定发生错报，该错报单独或连同其他错报可能是重大的，但没有被内部控制及时防止或发现并纠正的可能性

B. 审计风险是指当财务报表存在重大错报时注册会计师发表不恰当审计意见的可能

C. 固有风险是在考虑相关的内部控制之前，某类交易及账户余额的某一认定易于发生错报的可能

D. 检查风险是指如果存在某一错报，该错报单独或连同其他错报可能是重大的，注册会计师为将审计风险降至可接受的低水平而实施审计程序后没有发现这种错报的风险

31. 下列关于审计报告日期的相关说法中，正确的有（   ）。

A. 审计报告日不应早于注册会计师获取充分、适当的审计证据（包括管理层认可对财务报表的责任且已批准财务报表的证据），并在此基础上对财务报表形成审计意见的日期

B. 构成整套财务报表的所有报表（包括相关附注）编制完成的日期为审计报告日期

C. 注册会计师签署审计报告的日期通常与管理层签署已审计财务报表的日期为同一天，或晚于管理层签署已审计财务报表的日期

D. 如果构成整套财务报表的所有报表（包括相关附注）已编制完成，且管理层批准并签署已审计财务报表，注册会计师即可签署审计报告，进而确定审计报告日期

32. 下列各项中，A注册会计师应在业务约定书中予以明确的内容有（   ）。

A. 审阅业务的目标

B. 预期提交的报告样本

C. 预期发表的审阅意见类型

D. 有关不能信赖财务报表审阅提示错误、舞弊和违反法规行为的说明

33. 注册会计师在对本身及单位整体层面的风险评估过程进行了解和评估时，考虑的主要因素可能包括（   ）。

A. 被审计单位是否已建立并沟通其整体目标，并辅以具体策略和业务流程层面的计划

B. 被审计单位是否已建立风险评估过程，包括识别风险、估计风险的重大性、评估风险发生的可能性以及确定需要采取的应对措施

C. 被审计单位是否已建立某种机制，识别和应对可能对被审计单位产生重大且普遍影响的变化

D. 会计部门是否建立了某种流程，以识别会计准则的重大变化

34. 下列有关统计抽样和非统计抽样的提法中，正确的有（   ）。

A. 在统计抽样中，由于不需要注册会计师的主观判断，所以统计抽样比非统计抽样更为有效

B. 在统计抽样与非统计抽样方法之间进行选择时需要考虑成本效益原则

C. 采用统计抽样与非统计抽样选取样本时，都可采用随机选样的方法

D. 采用统计抽样还是非统计抽样，会影响到注册会计师所实施的审计程序

35. 注册会计师对财务报表实施审计的目标是对（　　）发表审计意见。

A. 被审计单位是否存在违反法律法规行为

B. 财务报表是否按照适用的会计准则和相关会计制度的规定编制

C. 财务报表是否在所有重大方面公允反映被审计单位的财务状况、经营成果和现金流量

D. 财务报表是否真实反映了管理层的判断和决策

得分	

三、简答题（本题型共 6 题，每题 6 分，共 36 分）

36. 甲会计师事务所通过招投标程序接受委托，负责审计 A 上市公司 2022 年度财务报表，在招投标阶段和审计过程中，甲会计师事务所遇到下列与职业道德有关的事项：

（1）应邀投标时，甲会计师事务所在其投标书中说明在承接业务前需要与前任注册会计师沟通。

（2）双方在审计业务约定书中约定，审计费用按照最终审定营业收入的 1‰确定。

（3）签订审计业务约定书后，甲会计师事务所发现 A 公司与本事务所另一常年审计客户 B 公司存在直接竞争关系。甲会计师事务所将这一情况告知了 A 公司，并获得了 A 公司的同意，但并未告知 B 公司。

（4）A 公司将其供货商的年报审计业务介绍给甲会计师事务所，甲会计师事务所为此支付 2 000 元佣金。

（5）甲会计师事务所委派王林担任该项目的负责人，因王林近几年一直负责海外业务，对于国内企业会计准则的变化不是很了解，为此事务所为其配备了企业会计准则和相关会计制度等工具书，以便其在工作中随时查阅。

（6）审计期间，恰逢注册会计师协会的行业质量检查，被审计单位要求注册会计师履行保密义务，但项目组仍然接受了注册会计师协会的相关询问并提供了工作底稿。

要求：针对上述事项（1）～（6），分别指出甲会计师事务所是否违反中国注册会计师职业道德守则，并简要说明理由。

37. ABC 会计师事务所接受委托，对甲公司 2022 年度财务报表进行审计。A 注册会计师作为项目负责人，根据审计业务的要求，组建了甲公司审计项目组。假定存在下列情形：

（1）A 注册会计师以市场价格购买甲公司开发的房产一套，并一次性支付房款 1 500 000 元。

（2）A 注册会计师的岳母于 2021 年购买甲公司发行的企业债券，面值 2 000 元，即将到期。

（3）接受委托后，项目组成员 B 被甲公司聘为独立董事。为保持独立性，在审计业务开始前，ABC 会计师事务所将其调离项目组。

（4）ABC 会计师事务所合伙人 C 不属于项目组成员，其妻子继承父亲遗产，其中包括甲公司内部职工股 20 000 股。

（5）项目组成员 D 的堂兄在甲公司担任后勤部副主任。

要求：针对上述情形，分别判断是否对审计独立性构成威胁，并简要说明理由。

38. A 注册会计师负责审计甲公司 2022 年度财务报表。在了解甲公司内部控制后，A 注册会计师决定采用审计抽样的方法对拟信赖的内部控制进行测试，部分做法摘录如下：

（1）为测试 2022 年度信用审核控制是否有效运行，将 2022 年 1 月 1 日至 11 月 30 日期间的所有销售单界定为测试总体。

（2）为测试 2022 年度采购付款凭证审批控制是否有效运行，将采购凭证缺乏审批人员签字或虽有签字但未按制度审批的界定为控制偏差。

（3）在使用随机数表选取样本项目时，由于所选中的 1 张凭证已经丢失，无法测试，直接用随机数表另选 1 张凭证代替。

（4）在对存货验收控制进行测试时，确定样本规模为 60，测试后发现 3 例偏差。在此情况下，推断 2022 年度该项控制偏差率的最佳估计为 5%。

（5）在上述第（4）项的基础上，A 注册会计师确定的信赖过度风险为 5%，可容忍偏差率为 7%。由于存货验收控制的偏差率的最佳估计不超过可容忍偏差率，认定该项控制运行有效（注：信赖过度风险为 5% 时，样本中发现偏差数"3"对应的控制测试风险系数为 7.8）。

要求：针对上述事项（1）～（5），逐项指出 A 注册会计师的做法是否正确。如不正确，简要说明理由。

39. ABC 会计师事务所的 A 注册会计师负责对甲公司 2022 年度财务报表进行审计。

2023 年 2 月 15 日，A 注册会计师完成审计业务，并于 5 月 15 日将审计工作底稿归整为最终审计档案。2023 年 5 月 20 日，A 注册会计师意识到甲公司存在舞弊行为，私下修改了部分审计工作底稿。2023 年 6 月 1 日，甲公司财务舞弊案爆发，A 注册会计师擅自销毁了甲公司审计工作底稿。

要求：根据审计工作底稿准则和会计师事务所质量控制准则，回答下列问题：

（1）A 注册会计师在归整审计档案时是否存在问题，并简要说明理由。

（2）在归整审计档案后，A 注册会计师私下修改审计工作底稿是否存在问题，并简要说明理由。

（3）ABC 会计师事务所在保存审计工作底稿方面是否存在问题，简要说明理由，并简要说明 ABC 会计师事务所应当对审计工作底稿实施哪些控制程序。

40. A 注册会计师负责对甲公司 2022 年度财务报表进行审计。与审计工作底稿相关的部分事项如下：

（1）由于在审计过程中识别出重大错报并提出审计调整建议，A注册会计师重新评估并修改了重要性，并将记录计划阶段评估的重要性的工作底稿删除，代之以记录重新评估的重要性的工作底稿。

（2）对于需要系统化抽样的审计程序，A注册会计师通过记录样本的来源来识别已选取的样本。

（3）A注册会计师在审计过程中无法就关联方关系及交易获取充分、适当的审计证据，并因此出具了保留意见审计报告。A注册会计师将该事项作为重大事项记录在审计工作底稿中。

（4）2023年2月15日，A注册会计师完成审计工作，并于5月15日将审计工作底稿归整为最终审计档案。

（5）2023年5月20日，A注册会计师意识到甲公司存在舞弊行为，私下修改了部分审计工作底稿，并没有做任何记录。

（6）2023年7月1日，甲公司财务舞弊案件曝光，A注册会计师擅自销毁了甲公司审计工作底稿。

要求：针对上述事项（1）～（6），逐项指出A注册会计师的做法是否恰当。如不恰当，简要说明理由。

41．在信息技术环境下，注册会计师的审计工作与对系统的依赖程度是直接关联的，请根据注册会计师以下四种对信息系统的依赖程度情形，完成下表。

对信息系统的依赖程度：

（1）不依赖信息系统。

（2）仅依赖手工控制，此类手工控制不依赖系统所生成的信息或报告。

（3）仅依赖手工控制，此类手工控制依赖系统所生成的信息或报告，审计需要通过实质性程序来验证控制有效性。

（4）同时依赖手工及自动控制。

相关内容

对信息系统的依赖程度	对系统环境的了解与评估（是/否）	验证手工控制（是/否）	验证系统应用控制（是/否）	了解、验证系统一般性控制（是/否）
（1）				
（2）				
（3）				
（4）				

得分

四、综合题（本题型共1题，共19分。答案中的金额用人民币万元表示，有小数的保留两位小数，小数点两位后四舍五入）

42. 甲公司主要从事小型电子消费品的生产和销售。A 注册会计师负责审计甲公司 2022 年度财务报表。

资料一：

A 注册会计师在审计工作底稿中记录了所了解的甲公司情况及其环境，部分内容摘录如下：

(1) 2022 年年初，甲公司董事会决定将每月薪酬发放日由当月最后 1 日推迟到次月 5 日，同时将员工薪酬水平平均上调 10%。甲公司 2022 年员工队伍基本稳定。

(2) 2022 年下半年，受金融衍生品投资失败的影响，甲公司主要竞争对手之一的乙公司（非甲公司的关联公司）及其下属全资子公司——丙公司均陷入财务困境。为取得丙公司的机器设备，甲公司于 2022 年 8 月 31 日与乙公司签订协议，以 1 亿元购入其所持丙公司的全部股权。按照协议约定，丙公司于 2022 年 9 月 30 日遣散了全部员工，并向甲公司移交了全部资产和负债。甲公司于 2022 年 10 月将丙公司的全部机器设备和存货转移到甲公司下属生产基地，并对设备进行了重新组合安装，同时向丙公司派出新的管理团队和员工，丙公司转而负责甲公司部分产品的销售。

(3) 2022 年 9 月 1 日，甲公司与丁公司签订协议，自当月起，由丁公司为甲公司于 2022 年第 4 季度投放市场的一款新产品——A 产品提供为期 12 个月的广告服务。甲公司于 2022 年 9 月 1 日向丁公司预付 6 个月基本广告服务费，每月 10 万元。另外，按照协议约定，甲公司于每月末按当月 A 产品销售收入的 5% 向丁公司另行支付追加广告服务费。

(4) 自 2022 年 11 月起，甲公司将主要产品交货方式由在甲公司仓库交货，改为运至客户指定交货地点交客户签收，但客户需承担甲公司因此而发生运费的 80%。

(5) 2022 年年末，有网民称甲公司 B 产品含有较高的有害化学成分，会对消费者健康造成不良影响，甲公司随即发表声明，表示 B 产品有害化学成分含量没有超出现行安全标准，并公布了国家有关部门的检测报告。但大部分网络调查显示，仍有超过半数的网民对 B 产品安全性表示忧虑。

资料二：

A 注册会计师在审计工作底稿中记录了所获取的甲公司合并财务数据，部分摘录如下：

部分内容摘录　　　　　　　　　　　　　　　金额单位：万元

项目	2022 年（未审数）			2021 年（已审数）		
	A 产品	B 产品	其他产品	A 产品	B 产品	其他产品
营业收入	3 000	6 000	140 000	0	5 000	118 000
营业成本	2 000	5 700	111 000	0	4 600	90 000
存货	A 产品	B 产品	其他产品	A 产品	B 产品	其他产品
账面余额	180	600	30 000	0	500	23 000
减：存货跌价准备	0	0	0	0	0	0

（续表）

项目	2022年（未审数）			2021年（已审数）		
	A产品	B产品	其他产品	A产品	B产品	其他产品
账面价值	180	600	30 000	0	500	23 000
固定资产						
成本		298 000			265 500	
减：累计折旧		177 200			154 700	
减：减值准备		400			400	
面值		120 400			110 400	
商誉——购入丙公司形成		600			0	
预付款项						
基本广告服务费		20			0	
追加广告服务费		100			0	
年末余额		120			0	
应付职工薪酬		6			5	
预计负债——产品质量保证		100			90	
销售费用——运输费		120			0	

资料三：A注册会计师在审计工作底稿中记录了实施的相关实质性程序，部分内容摘录如下：

（1）根据不同类别员工的薪酬标准和平均人数，估算2022年度应计提的员工薪酬，与2022年度实际计提的金额进行比较。

（2）检查丙公司向甲公司移交实物资产的交接手续是否完备。

（3）计算年末存货的可变现净值（包括参考资产负债表日后销售情况），与存货账面价值比较，检查存货跌价准备的计提是否充分。

（4）根据A产品的实际销售收入，估算2022年度应向丁公司支付的追加广告服务费，并与2022年度向丁公司实际支付的追加广告服务费进行比较。

（5）从2022年度营业收入明细账中抽取一定数量的销售记录，检查入账日期、品名、数量、金额等是否与销售发票、产成品出库单、客户签收记录和记账凭证一致。

（6）根据2022年销货运费记录，估算2022年应由甲公司承担的运费，与2022年实际承担的运费进行比较。

（7）将甲公司在2022年度实际发生的产品质量保证费用与上年年末计提的"预计负债——产品质量保证"进行比较，并评估其差异的合理性。

要求：

（1）针对资料中事项（1）～（5），结合资料二，假定不考虑其他条件，逐项指出资料一所列事项是否可能表明存在重大错报风险。如果认为存在，简要说明理由，并说明该风险主要与哪些账务报表项目（仅限于营业收入、营业成本、存货、固定资产、商誉、预付款项、应付职工薪酬、预计负债和销售费用）的哪些认定相关。将答案直接填入下列表格。

存在重大错报风险的相关认定

事项序号	是否可能表明存在重大错报风险（是/否）	理由	财务报表项目名称	财务报表项目认定
（1）				
（2）				
（3）				
（4）				
（5）				

（2）针对资料（三）中事项（1）～（7）实质性程序，假定不考虑其他条件，逐项指出上述实质性程序与根据资料一（结合资料二）识别的重大错报风险是否直接相关。如果直接相关，指出与根据资料一哪一项（结合资料二）识别的重大错报风险直接相关，并简要说明理由，将答案直接填入以下相应表格内。

存在重大错报风险的相关认定

实质性程序序号	是否根据资料一（结合资料二）识别的重大错报风险直接相关（是/否）	与根据资料一哪一项（结合资料二）识别的重大错报风险直接相关（资料一事项序号）	理由
（1）			
（2）			
（3）			
（4）			
（5）			
（6）			
（7）			

模拟试题（一）参考答案

一、单项选择题

1	2	3	4	5	6	7	8	9	10
D	B	C	C	B	A	C	B	D	C
11	12	13	14	15	16	17	18	19	20
A	C	D	B	B	D	D	B	D	D
21	22	23	24	25					
C	D	B	B	C					

二、多项选择题

26	27	28	29	30	31	32	33	34	35
ABCD	ACD	BCD	AD	ABCD	ACD	ABD	ABCD	BC	BC

三、简答题

36. (1) 不违反职业道德守则。甲会计师事务所在接受委托前，应当与前任注册会计师进行沟通，以了解是否存在不应接受委托的理由。

(2) 违反职业道德守则。会计师事务所在确定收费时应当主要考虑专业服务所需的知识和技能、所需专业人员的水平和经验、各级别专业人员提供服务所需的时间和提供专业服务所需承担的责任。除法律法规允许外，注册会计师不得以或有收费方式提供鉴证服务，收费与否或收费多少不得以鉴证工作结果或实现特定目的为条件。

(3) 违反职业道德守则。甲会计师事务所为两家存在直接竞争关系的客户提供审计服务，可能存在利益冲突，应当同时告知A公司和B公司，并在签约前取得他们的同意。

(4) 违反职业道德守则。注册会计师支付业务介绍费，可能对客观和公正原则以及专业胜任能力和勤勉尽责原则产生非常严重的不利影响，导致没有防范措施能够消除不利影响或将其降低至可接受的水平。

(5) 违反职业道德守则。职业道德要求注册会计师应当具备和保持专业胜任能力，了解并掌握当前法律、技术和实务的发展变化，如果在缺乏足够的知识、技能和经验的情况下提供专业服务，就构成了一种欺诈。

(6) 不违反职业道德守则。在接受注册会计师协会或监管机构的职业质量检查时，注册会计师可以披露涉密信息。

37.（1）对独立性构成威胁。项目组成员 A 注册会计师购买了甲公司房产，与甲公司发生了直接经济利益，威胁独立性。

（2）对独立性构成威胁。A 注册会计师与其岳母是直系亲属关系，其岳母拥有被审计单位的债券，是注册会计师的直系亲属在审计单位拥有直接经济利益。

（3）对独立性构成威胁。会计师事务所员工成为鉴证客户的经理或者董事，所产生的自我评价、经济利益威胁就会非常重大，以致没有防范措施能够将威胁降至可接受的低水平。

（4）对独立性构成威胁。属于直系亲属在鉴证客户内拥有直接经济利益。

（5）对独立性不构成威胁。项目组成员 D 与其堂兄是近亲属关系，但其堂兄的职位不对财务报表产生重大影响。

38.（1）信用审核控制测试总体不完整，不正确。理由：注册会计师为了获取证据表明甲公司 2022 年信用审核控制运行有效应当将该公司 2022 年 1 月 1 日至 12 月 31 日期间所有开具的销售单作为测试的总体。

（2）A 注册会计师关于偏差的定义是正确的。

（3）直接另选 1 张凭证代替丢失凭证不正确。理由：使用随机数选样是指总体中的每一项目都有不同的编号为前提的，测试总体中的项目与随机数表中数字的一一对应关系。注册会计师对于丢失的无法进行测试时，应当将其视为控制未得到有效运行直接视其为一个控制偏差。

（4）因此，总体偏差率的最佳估计是正确的。

（5）对样本结果评价是不正确。大于可容忍偏差率 7%，说明总体不能接受，该项控制运行无效。

39.（1）审计工作底稿归整期不符合审计准则。理由：审计工作底稿归档期限是审计报告日后 60 天内，ABC 会计师事务所至少应当在 4 月 15 日前归档。

（2）审计工作底稿归整期后的变动不符合审计准则。理由：A 注册会计师在 2023 年 5 月 20 日意识到甲公司存在舞弊行为属于"例外事项实施新的或追加的审计程序"导致修改底稿的情形。A 注册会计师应当记录以下内容：①修改或增加审计工作底稿的时间和人员，以及复核的时间和人员；②修改或增加审计工作底稿的具体理由；③修改或增加审计工作底稿对审计结论产生的影响。

（3）ABC 会计师事务所销毁甲公司审计工作底稿严重违背审计准则要求。理由：①会计师事务所应当自审计报告日起，对审计工作底稿至少保存 10 年；②注册会计师不得在规定的保存期届满前删除或废弃审计工作底稿。

ABC 会计师事务所应当对审计工作底稿实施的控制程序包括：①安全保管业务工作底稿并对业务工作底稿保密；②保证业务工作底稿的完整性；③设计和实施控制便于使用和检索业务工作底稿；④按照规定的期限保存业务工作底稿。

40.（1）不恰当。应当记录对重要性作出的修改以及理由，因此应当保留原重要性和重新评估的重要性的修改痕迹。

（2）不恰当。对于需要系统化抽样的审计程序，注册会计师可能会通过记录样本的来源、抽样的起点及抽样间隔来识别已选取的样本。仅仅通过样本的来源，不足以识别已选取的样本。

（3）恰当。

（4）不恰当。应当在报告日后60天内将工作底稿归档。

（5）不恰当。在归整审计档案后，如果有必要修改或增加底稿，应记录修改或增加底稿的时间和人员，以及复核的时间和人员；记录修改或增加底稿的理由。

（6）不恰当。在完成归档后，不应在规定保管期限届满前删除或废弃任何审计工作底稿。

41.

相关内容

对信息系统的依赖程度	对系统环境的了解与评估（是/否）	验证手工控制（是/否）	验证系统应用控制（是/否）	了解、验证系统一般控制（是/否）
（1）	是	否	否	否
（2）	是	是	否	否
（3）	是	是	否	是
（4）	是	是	是	是

四、综合题

（1）

存在重大错报风险的相关认定

事项序号	是否可能表明存在重大错报风险（是/否）	理由	财务报表项目名称	财务报表项目认定
（1）	是	甲公司董事会决定将每月薪酬发放日由当月最后1日推迟到次月5日，同时将员工薪酬水平平均上调10%，甲公司2022年员工队伍基本稳定。考虑到应付职工薪酬在资产负债表日要比年初数多出一个月的金额，且工薪上涨达10%，总体应付职工薪酬年末数应当远远大于年初数。而被审计单位账面仅有少量余额，与上年年末余额很接近，存在重大错报风险	应付职工薪酬	完整性；准确性、计价和分摊
（2）	是	乙公司、丙公司均陷入财务困境。甲公司合并丙公司时，形成商誉的可能性极小。	商誉	存在

(续表)

事项序号	是否可能表明存在重大错报风险（是/否）	理由	财务报表项目名称	财务报表项目认定
(3)	是	按甲公司与丁公司签订协议，甲公司于2022年9月1日向丁公司预付6个月广告服务费，每月100 000元。基本广告服务费年末余额应为300 000元。按照协议约定，甲公司于每月末按当月A产品销售收入的5%向丁公司另行支付追加广告服务费，年末追加广告服务费不应当有	预付账款销售费用	存在；完整性
(4)	否			
(5)	是	有网民称甲公司B产品含有较高的有害化学成分，会对消费者健康造成不良影响，虽然甲公司否认该事项，但大部分网络调查显示，仍有超过半数的网民对B产品安全性表示忧虑，相关产品销售会因此受到影响，有减值风险	存货	准确性、计价和分摊

(2)

存在重大错报风险的相关认定

实质性程序序号	是否根据资料一（结合资料二）识别的重大错报风险直接相关（是/否）	与根据资料一哪一项（结合资料二）识别的重大错报风险直接相关（资料一事项序号）	理由
(1)	是	(1)事项	该程序可以估算2022年度应计提的员工薪酬，与2022年度实际计提的金额进行比较。比较后能够发现被审计单位应付职工薪酬计提数整体上是否合理
(2)	否		
(3)	是	(5)事项	该程序可以检查B产品是否减值。如果减值，可以检查B产品资产减值计算是否准确
(4)	否		
(5)	否		
(6)	否		

模拟试题（二）

得分 ☐

一、单项选择题（本题型共20题，每题1.5分，共30分，每题只有一个正确答案）

1	2	3	4	5	6	7	8	9	10
11	12	13	14	15	16	17	18	19	20

1. 注册会计师审计从起源发展到现在，在不同的时期，审计目的也不断调整。下列有关审计目的的说法中，不恰当的是（   ）。

　　A. 英国式注册会计师审计的目的是查错防弊

　　B. 美国式注册会计师审计的目的是判断企业的信用状况

　　C. 1929—1933年经济危机过后审计的主要目的是对财务报表发表审计意见

　　D. 现代注册会计师审计的目的是审查某类交易、账户余额及其披露是否不存在重大舞弊

2. 下列关于注册会计师审计方法的理解中，不恰当的是（   ）。

　　A. 在账项基础审计方法阶段，审计方式是围绕会计凭证、会计账簿和财务报表的编制过程来进行的

　　B. 账项基础审计方法采用了审计抽样技术，但以判断抽样为主

　　C. 在制度基础审计方法阶段将内部控制和抽样审计结合起来

　　D. 风险导向审计解决了审计资源的分配问题，要求注册会计师将审计资源配置到最容易导致财务报表出现控制风险的领域

3. 在计划审计工作时，为了使审计业务更易于执行和管理，提高审计效率和效果，注册会计师可以就计划审计工作的基本情况与被审计单位治理层和管理层进行沟通，但是下列不属于应当沟通的内容的是（   ）。

　　A. 审计的时间安排和总体策略

　　B. 具体审计计划中执行的具体审计程序

　　C. 审计工作中受到的限制

　　D. 治理层和管理层对审计工作的额外要求

4. 下列有关重要性的说法中，不正确的是（   ）。

A. 重要性与可接受的审计风险之间呈同向关系，即重要性水平越高，可接受的审计风险越高
B. 重要性与审计证据呈反向关系，即重要性水平越低，所需审计证据越多
C. 重要性不仅包括对错报数量的考虑，还包括对错报性质的考虑
D. 对重要的账户或交易，为了提高效率，重要性水平相应较低

5. 职业道德基本原则要求会员保持实质上和形式上的独立性，下列关于独立性的陈述中，不正确的是（   ）。

A. 独立性原则通常是对注册会计师而不是对非职业会员提出的要求
B. 注册会计师在执行鉴证业务时必须保持实质上的独立和形式上的独立
C. 会计师事务所在承办鉴证业务时，应当从整体层面和具体业务层面采取措施，以保持会计师事务所和项目组的独立性
D. 审计业务要求注册会计师必须保持独立性，审阅业务则不需要保持独立

6. 如果审计项目组成员在审计客户中拥有直接经济利益或重大间接经济利益，将因自身利益产生非常严重的不利影响，下列做法中，正确的是（   ）。

A. 要求该项目组成员尽快处置全部或部分经济利益，以使该项经济利益不再重大
B. 不允许该审计项目组成员参与有关审计业务的任何重大决策
C. 由审计项目组以外的注册会计师复核该审计项目组成员已执行的工作
D. 没有防范措施能够将不利影响降至可接受的水平

7. ABC会计师事务所承接了乙上市公司的2022年度财务报表审计工作，A注册会计师作为项目合伙人正在和乙上市公司的管理层就审计业务约定书沟通。A注册会计师的下列说法中，正确的是（   ）。

A. 审计准则是注册会计师审计财务报表的标准
B. 管理层已认可并理解其承担的责任是注册会计师进行审计的目标
C. 注册会计师对财务报表的编制和被审计单位的内部控制承担责任
D. 注册会计师应当要求管理层就其对财务报告责任提供书面声明

8. 如果是连续审计业务，在下列情况下，可能需要注册会计师提醒被审计单位管理层关注或修改现有业务约定条款的是（   ）。

A. 注册会计师对上期财务报表出具了非标准审计报告
B. 会计师事务所内部作了重大调整
C. 被审计单位对上期财务报表作出重述
D. 被审计单位所有权发生重大变动

9. 在完成审计业务前，如果被审计单位将审计业务变更为保证程度较低的鉴证业务，注册会计师认为合理的理由是（   ）。

A. 被审计单位限制注册会计师接触审计所需资料
B. 被审计单位限制注册会计师接触相关人员
C. 被审计单位提出大幅度削减审计费用

D. 被审计单位对原来要求的审计业务的性质存在误解，要求变更为财务报表审阅业务

10. 在制订具体审计计划时，注册会计师应当考虑包括的内容是（　　）。

A. 计划实施的进一步审计程序的性质、时间安排和范围

B. 为审计目的确定重要性

C. 计划向高风险领域分派的项目组成员

D. 计划召开项目组会议的时间

11. 下列与重大错报风险相关的表述中，正确的是（　　）。

A. 重大错报风险是财务报表存在重大错报时注册会计师发表不恰当审计意见的可能性

B. 重大错报风险是在考虑相关的内部控制之前，某类交易、账户余额及其披露的某一认定易于发生错报（该错报单独或连同其他错报可能是重大的）的可能性

C. 重大错报风险独立于财务报表审计而存在，是审计前就存在的

D. 重大错报风险可以通过合理实施审计程序予以控制

12. 在审计风险模型中，审计风险取决于重大错报风险和检查风险，下列表述中，不正确的是（　　）。

A. 在既定的审计风险水平下，可接受的检查风险水平与认定层次重大错报风险的评估结果是反向关系

B. 注册会计师应当合理设计审计程序的性质、时间安排和范围，并有效执行审计程序，以控制检查风险

C. 注册会计师应当合理设计审计程序的性质、时间安排和范围，并有效执行审计程，以消除检查风险

D. 注册会计师应当获得认定层次充分、适当的审计证据，以便在完成审计工作时，能够以可接受的低审计风险对财务报表整体发表意见

13. 下列关于抽样风险和非抽样风险表述中，正确的是（　　）。

A. 抽样风险和非抽样风险通过影响重大错报风险的评估和检查风险的审计风险

B. 无法量化抽样风险，所以注册会计师不需要对其进行评价和控制

C. 注册会计师选择的总体不适合测试目标，会导致抽样风险

D. 只要合理控制，抽样风险可以避免

14. 下列关于PPS抽样的说法中，正确的是（　　）。

A. 当总体中错报数量增加时，PPS抽样所需的样本规模也会增加，但是PPS抽样的样本规模仍然小于传统变量抽样所需的规模

B. 当发现错报时，如果风险水平一定，PPS抽样在评价样本时能精确估计抽样风险的影响，不会出现注册会计师拒绝一个可接受的总体账面金额的情况

C. 在PPS抽样中，注册会计师需要逐个累计总体金额

D. 如果样本中没有发现错报，注册会计师要考虑考虑尚未发现的错报，需要计算

推断的错报和抽样风险允许限度

15. 下列关于实质性分析程序的说法中，正确的是（   ）。

A. 相对于细节测试而言，实质性分析程序能够达到的精确度证明力是相同的

B. 由于内部数据可靠性差，注册会计师不应当使用被审计单位的内部数据，只能使用外部数据

C. 在实质性程序中，注册会计师实施分析程序适用于复杂的预测模型，不适用于不复杂的预测模型

D. 从审计过程整体来看，注册会计师不能仅依赖实质性分析程序，而忽略对细节测试的运用

16. 下列关于内部控制的局限性说法中，错误的是（   ）。

A. 内部控制无论如何有效，都只能为被审计单位实现财务报告目标提供合理保证

B. 在决策时人为判断错误可能出现错误和因人为失误导致内部控制失效

C. 控制可能由于两个人或更多的人员串通或管理层不当地凌驾于内部控制之上而被规避

D. 内部控制是针对所有发生的业务设置的，对全部业务均适用

17. 下列关于注册会计师实施的风险评估程序的说法中，不正确的是（   ）。

A. 注册会计师询问的对象仅限于被审计单位的内部人员

B. 分析程序可以用于风险评估程序，也可以用于对财务报表的总体复核

C. 注册会计师可以通过观察被审计单位的经营活动增加对被审计单位的了解

D. 通过检查被审计单位的内部控制手册可以了解被审计单位组织结构和内部控制制度的建立健全情况

18. 甲注册会计师（非主任会计师）负责对 A 公司（上市的企业集团公司）2022 年度财务报表进行审计。为了保证业务质量，会计师事务所应当制定业务质量管理政策和程序。请根据《业务质量管理准则》的规定，对以下问题代为作出正确的专业判断。

以下是会计师事务所在对 A 公司财务报表审计业务中执行业务质量管理准则时制定的部分政策和程序，其中说法不正确的是（   ）。

A. 由于甲注册会计师对该业务最为熟悉，又是具体项目负责人，因此要求甲对质量管理制度承担最终责任

B. 要求承担质量管理制度运作责任的人员具有必要的权限，是为了保证其能够实施质量管理政策和程序

C. 由于 A 公司为上市公司，涉及公众利益的范围大，因此如果与 A 公司建立长期的合作关系，要定期轮换项目合伙人

D. 确定复核人员的原则是，由项目组内经验较多的人员复核经验较少的人员执行的工作

19. （接 18 题）在业务执行过程中，甲注册会计师与项目质量复核人员之间出现了意见分歧，下列有关该意见分歧的处理做法中，不正确的是（   ）。

A. ABC会计师事务所可以向监管机构进行咨询，以解决和处理这一意见分歧

B. 对处理意见分歧形成的结论进行恰当的记录和执行

C. 在意见分歧解决之后，甲注册会计师才能出具报告

D. 如果意见分歧没有解决，应当在审计报告中说明对审计意见的影响

20.（接18题）在最终出具财务报表之前，会计师事务所安排进行独立的项目质量复核，对项目组作出的重大判断和在准备报告时形成的结论作出客观评价，下列有关说法中，正确的是（　　）。

A. 该项复核可以视审计的需要决定是否实施，并非必须要执行

B. 在项目质量复核过程中，项目质量复核人和项目合伙人之间出现了意见分歧，如果项目合伙人并不接受项目质量复核人的建议，并且重大事项未得到满意解决，此时应当在出具的审计报告中充分说明这一事项

C. 在选择人员时，应当选择不直接参与该审计业务的人员来实施项目质量复核

D. 为了保证出具审计意见的及时性，项目质量复核工作在出具审计报告之后的一个星期之内完成

| 得分 | |

二、多项选择题（本题型共10题，每题2分，共20分。每题均有多个正确答案，请从每题的备选答案中选出你认为正确的答案，每题所有答案选择正确的得分；不答、错答、漏答均不得分）

21	22	23	24	25	26	27	28	29	30

21. 下列关于风险导向审计的说法中，正确的有（　　）。

A. 从理论上解决了审计抽样的随意性和审计资源的分配问题

B. 不再依赖控制测试，而是主要以实质性程序获取审计证据

C. 风险导向审计扩大了考虑审计的风险所涉及的范围，有利于降低审计风险

D. 风险导向审计方法以审计风险模型分析为基础

22. 下列各项中，属于审计业务约定书的基本内容的有（　　）。

A. 财务报表审计的目标

B. 组成部分管理层的独立程度

C. 审计收费

D. 在首次接受委托时，对与前任注册会计师沟通的安排

23. 下列有关计划审计工作的说法中，正确的有（　　）。

A. 计划审计工作贯穿于整个审计业务的始终，并不是审计业务的一个孤立阶段，而是一个持续的、不断修正的过程

B. 注册会计师计划的进一步审计程序可以分为进一步审计程序的总体方案和拟实

施的具体审计程序（包括进一步审计程序的具体性质、时间和范围）两个层次

C. 在初步计划审计工作时，注册会计师就应当确定在被审计单位财务报表中可能存在重大错报风险的重大账户及其相关认定

D. 审计业务约定书具有经济合同的性质，一旦约定双方签字认可，即成为签字注册会计师与被审计单位之间在法律上生效的契约

24. 下列针对职业道德基本原则产生不利影响的因素中，说法正确的有（　　）。

A. 如果经济利益或其他利益对会员的职业判断或行为产生不当影响，将产生自身利益导致的不利影响

B. 如果会计师事务所对自己以前的判断或服务结果作出评价，并且将据此形成的判断作为当前服务的组成部分，将产生过度推介导致的不利影响

C. 注册会计师与客户存在长期关系，而过于倾向他们的利益，将产生自我评价的不利影响

D. 注册会计师在受到被审计单位实际的压力而无法客观行事时，将产生外在压力导致的不利影响

25. A 注册会计师负责审计甲公司 2022 年度财务报表。在确定重要性及评价错报时，A 注册会计师遇到下列事项，请代为作出正确的专业判断。在运用重要性概念时，下列各项中，A 注册会计师认为应当考虑包括在内的有（　　）。

A. 财务报表整体的重要性

B. 实际执行的重要性

C. 特定类别的交易、账户余额及其披露的重要性

D. 明显微小错报的临界值

26.（接 25 题）在确定实际执行的重要性时，下列各项因素中，A 注册会计师认为应当考虑的有（　　）。

A. 财务报表整体的重要性

B. 前期审计工作中识别出的错报的性质和范围

C. 实施风险评估程序的结果

D. 甲公司管理层和治理层的期望值

27.（接 25 题）下列情形中，A 注册会计师可能认为需要在审计过程中修改财务报表整体的重要性的有（　　）。

A. 甲公司情况发生重大变化

B. A 注册会计师获取新的信息

C. 通过实施进一步审计程序，A 注册会计师对甲公司及其经营情况的了解发生变化

D. 审计过程中累积错报的汇总数接近财务报表整体的重要性

28.（接 25 题）在评价未更正错报的影响时，下列说法中，A 注册会计师认为正确的有（　　）。

A. 未更正错报的金额不得超过明显微小错报的临界值

B. A 注册会计师应当从金额和性质两方面确定未更正错报是否重大

C. A 注册会计师应当要求甲公司更正未更正错报

D. A 注册会计师应当考虑与以前期间相关的未更正错报对相关类别的交易、账户余额及其披露以及财务报表整体的影响

29. 下列关于控制测试中使用非统计抽样的说法中，正确的有（　　）。

A. 控制实施的相关期间越长，控制程序越复杂，需要测试的样本越多

B. 样本规模还受所测试的控制的类型的影响，如果所测试的控制包含人工监督和参与，通常比自动控制需要测试更多的样本

C. 在确定被审计单位自动控制的测试范围时，如果支持其运行的信息技术一般控制有效，注册会计师便可以获得对控制有效运行的较高的保证水平

D. 非统计抽样只能使用随意选样

30. 注册会计师进行项目组内部讨论的目的有（　　）。

A. 为项目组成员提供交流信息和分享见解的机会

B. 有助于注册会计师按照时间预算完成工作

C. 有助于确定进一步审计程序的性质、时间安排

D. 供项目组成员更好地了解在各自负责的领域中，由于舞弊或错误导致财务报表重大错报的可能性

得分	

三、简答题（本题型共 6 题，每题 6 分，共 36 分）

31. 甲会计师事务所通过招投标程序接受委托，负责审计 A 上市公司 2022 年度财务报表，在招投标阶段和审计过程中，甲会计师事务所遇到下列与职业道德有关的事项：

（1）应邀投标时，甲会计师事务所在其投标书中说明，在承接业务前需要与前任注册会计师沟通。

（2）双方在审计业务约定书中约定，审计费用按照最终审定营业收入的 1‰ 确定。

（3）签订审计业务约定书后，甲会计师事务所发现 A 公司与本事务所另一常年审计客户 B 公司存在直接竞争关系。甲会计师事务所将这一情况告知了 A 公司，并获得了 A 公司的同意，但并未告知 B 公司。

（4）A 公司将其供货商的年报审计业务介绍给甲会计师事务所，甲会计师事务所为此支付 2 000 元佣金。

（5）甲会计师事务所委派王林担任该项目的负责人，因王林近几年一直负责海外业务，对于国内企业会计准则的变化不是很了解，为此事务所为其配备了企业会计准则和相关会计制度等工具书，以便其在工作中随时查阅。

（6）审计期间，恰逢注册会计师协会的行业质量检查，被审计单位要求注册会计师

履行保密义务，但项目组仍然接受了注册会计师协会的相关询问并提供了工作底稿。

要求：针对上述事项（1）～（6），分别指出甲会计师事务所是否违反中国注册会计师职业道德守则，并简要说明理由。

32. ABC会计师事务所负责审计甲公司2022年度财务报表，并指派A和B注册会计师为该审计项目负责人。在审计过程中，审计项目组遇到下列与职业道德有关的事项：

（1）A注册会计师的哥哥在甲公司财务部从事会计核算工作，但非财务部负责人。A注册会计师认为无须回避。

（2）审计项目组成员D某的父亲，在甲公司担任董事。

（3）审计项目组负责人B在2022年3月曾担任甲公司财务部门主管。

（4）ABC会计师事务与甲公司签订的审计业务约定书约定：审计费用50万元，当年支付40%，剩余部分第二年审计完成时一起支付。

（5）在审计过程中，甲公司要求审计小组成员协助调整会计分录。

要求：针对上述事项（1）～（5），分别指出是否对审计项目组的独立性构成不利影响，并简要说明理由。

33. ABC会计师事务所于2023年2月5日接受委托审计D公司2022年度财务报表，丁注册会计师任项目负责人，在对D公司初步了解之后，确定资产负债表的重要性水平为1 500 000元，利润表的重要性水平为2 000 000元。

回答：

（1）D公司2022年财务报表层次的计划重要性水平是多少？

（2）在计划审计工作时和在评价审计程序结果时如何确定重要性水平？

（3）重要性与审计风险之间存在何种关系？

（4）随着审计过程的推进，丁注册会计师评价原来在计划阶段确定的重要性水平不合理，其根据在审计执行过程中进一步获取的信息，决定接受100万元的重要性水平，丁注册会计师接下来应当采取何种措施？

34. A注册会计师负责审计甲公司2022年度财务报表。在了解甲公司内部控制后，A注册会计师决定采用审计抽样的方法对拟信赖的内部控制进行测试，部分做法摘录如下：

（1）为测试2022年度信用审核控制是否有效运行，将2022年1月1日至11月30日期间的所有销售单界定为测试总体。

（2）为测试2022年度采购付款凭证审批控制是否有效运行，将采购凭证缺乏审批人员签字或虽有签字但未按制度审批的界定为控制偏差。

（3）在使用随机数表选取样本项目时，由于所选中的1张凭证已经丢失，无法测试，直接用随机数表另选1张凭证代替。

（4）在对存货验收控制进行测试时，确定样本规模为60，测试后发现3例偏差。在此情况下，推断2022年度该项控制偏差率的最佳估计为5%。

(5) 在上述第（4）项的基础上，A 注册会计师确定的信赖过度风险为 5%，可容忍偏差率为 7%。由于存货验收控制的偏差率的最佳估计不超过可容忍偏差率，认定该项控制运行有效（注：信赖过度风险为 5%时，样本中发现偏差数"3"对应的控制测试风险系数为 7.8）。

要求：

针对上述事项（1）～（5），逐项指出 A 注册会计师的做法是否正确。如不正确，简要说明理由。

35. ABC 会计师事务所的 A 注册会计师负责对甲公司 2022 年度财务报表进行审计。

2023 年 2 月 15 日，A 注册会计师完成审计业务，并于 5 月 15 日将审计工作底稿归整为最终审计档案。2023 年 5 月 20 日，A 注册会计师意识到甲公司存在舞弊行为，私下修改了部分审计工作底稿。2023 年 6 月 1 日，甲公司财务舞弊案爆发，A 注册会计师擅自销毁了甲公司审计工作底稿。

要求：根据审计工作底稿准则和会计师事务所质量控制准则，回答下列问题：

(1) A 注册会计师在归整审计档案时是否存在问题，并简要说明理由。

(2) 在归整审计档案后，A 注册会计师私下修改审计工作底稿是否存在问题，并简要说明理由。

(3) ABC 会计师事务所在保存审计工作底稿方面是否存在问题，简要说明理由，并简要说明 ABC 会计师事务所应当对审计工作底稿实施哪些控制程序。

36. ABC 会计师事务所承接了 E 公司（上市公司）2022 年度财务报表的审计业务，并指派戊注册会计师担任该项目的负责人。审计业务约定书中商定，ABC 会计师事务所应于 2023 年 3 月 8 日前向 E 公司提交审计报告。审计业务开始时间为 2023 年 2 月 2 日，戊注册会计师预计将在 2023 年 3 月 1 日完成审计工作，并提交审计报告。事务所任命实习生己作为项目质量复核负责人，针对上述审计业务实施项目质量复核。己草拟了项目质量复核计划，部分内容如下：

项目质量复核计划

复核项目：E 公司 2022 年度财务报表审计业务
负责人：己
复核人：戊、己
（一）复核范围：
1. 项目组就具体业务对会计师事务所独立性作出的评价。
2. 在审计过程中识别的特别风险以及采取的应对措施。
3. 作出的判断，尤其是关于重要性和特别风险的判断。
4. 是否已就存在的意见分歧、其他疑难问题或争议事项进行适当咨询，以及咨询得出的结论。
5. 在审计中识别的已更正和未更正的错报的重要程度及处理情况。
6. 拟与管理层、治理层以及其他方面沟通的事项。
7. 所复核的审计工作底稿是否反映了针对重大判断执行的工作，是否支持得出的结论。
（二）复核时间：2023 年 3 月 3 日至 3 月 7 日

(三) 复核方法：
1. 与项目负责人进行讨论。
2. 复核财务报表或其他业务对象信息及报告，尤其考虑报告是否适当。
3. 选取项目组作出的所有工作底稿进行复核。

要求：根据会计师事务所业务质量准则的相关规定，指出ABC会计师事务所关于E公司2023年度财务报表审计业务的项目质量控制复核计划存在哪些不当之处，并简要说明理由。

四、综合题（本题型共1题，共14分。答案中的金额用人民币万元表示，有小数的保留两位小数，小数点两位后四舍五入）

37. A注册会计师负责对甲公司2022年度财务报表进行审计。甲公司从事小型机电产品的生产和销售，主要原材料均在国内采购，产品主要自营出口到美国。

资料一：A注册会计师在审计工作底稿中记录了所了解的甲公司情况及其环境，部分内容摘录如下：

(1) 甲公司产品以美元定价，人民币对美元汇率由2022年年初的7.3：1升值至2022年6月的6.8：1，之后基本保持稳定。甲公司产品销售价格自2021年年初至2022年9月基本稳定。2022年10月起，受国际营销环境影响，甲公司的出口订单数量和销售收入均出现较大幅度减少，2022年第4季度与前3个季度相比，主要产品平均销售价格下降了约7%，但甲公司2022年未审财务报表显示其依然完成了650 000 000元营业收入和73 000 000元毛利的经营目标。

2021年年初至2022年8月，甲公司主要原材料采购价格基本稳定。2022年9月至10月，主要原材料价格平均下跌了约5%。

(2) 甲公司预计主要原材料价格在2022年年底前很可能止跌回升，因此在2022年9月至10月进行大量采购，以满足2023年2月底前的生产需求。但2022年10月之后，相关原材料市场价格实际上继续下跌。

(3) 2022年7月，由于发生重大施工安全事故，甲公司于2022年1月开工建设的X生产线被有关部门勒令停建整顿。2022年年末，有关部门同意甲公司重新开工，但受宏观经济影响，X生产线拟生产产品的市场前景不佳，甲公司董事会决定暂不启动X生产线的建设，并于2022年年末按期向银行归还了1年期、年利率为7%的10 000 000元专项借款。

(4) 2022年12月，甲公司决定淘汰一批账面价值为980 000元的旧检验设备，并与受让方签订了不可撤销的转让协议，转让价格为150 000元。2022年1月，甲公司向受让方移交该批检验设备，并收讫转让款。

(5) 甲公司在2021年年末以每股12元购入1 000 000股乙公司股票，购入时并没有明确的持有意图。2022年年末，乙公司因期货交易发生巨额亏损而濒临破产，股价出现大幅下跌，由年初的每股12元跌至年末的每股2元。

(6) 根据甲公司与丙银行签订的贷款框架协议，丙银行自2022年1月至2023年1月向甲公司提供累计金额不超过200 000 000元的流动资金贷款额度。2023年1月，丙银行终止与甲公司的贷款协议。甲公司正在寻求维持日常经营活动所需资金来源，但尚未取得实质性进展。

资料二：A注册会计师在审计工作底稿中记录了所获取的甲公司财务数据，部分内容摘录如下：

部分内容摘录　　　　　　　　　　金额单位：万元

项目	2022年（未审数）	2021年（已审数）
营业收入	65 030	55 320
营业成本	57 720	48 180
资产减值损失		
其中：应收账款	220	190
存货	673	657
固定资产	65	54
合计	958	901

部分内容摘录　　　　　　　　　　金额单位：万元

项目	2022年12月31日（未审数）	2021年12月31日（已审数）
存货账面余额	15 752	6 073
减：存货跌价准备	600	530
存货账面价值	15 152	5 543
其他权益工具投资		
乙公司股票公允价值	200	1 200
出售金融资产账面价值	200	1 200

部分内容摘录　　　　　　　　　　金额单位：万元

项目	2022年年初数（已审数）	本年增加（未审数）	本年减少（未审数）	2022年年末数（未审数）
在建工程——X生产线	0	962	0	962
减：在建工程减值准备	0	0	0	0
在建工程账面价值	0	962	0	962

（续表）

项目	2022年年初数（已审数）	本年增加（未审数）	本年减少（未审数）	2022年年末数（未审数）
其中：利息资本化	0	70	0	70
固定资产原价				
其中：房屋建筑物	5 370	340	217	5 493
机器设备	8 912	160	73	8 999
小计	14 282	500	290	14 492
减：累计折旧				
其中：房屋建筑物	2 933	170	126	2 977
机器设备	3 465	901	65	4 301
小计	6 398	1 071	191	7 278
减：固定资产减值准备	183	65	70	178
固定资产账面价值	7 701			7 036
资本公积（其他权益工具投资公允价值变动）	0	0	1 000	1 000

资料三：A注册会计师在审计工作底稿中记录了拟实施的实质性程序，部分内容摘录如下：

（1）计算本年重要产品的毛利率，与上年比较，检查是否存在异常，各年之间是否存在较大波动，查明原因。

（2）获取产品销售价格目录，检查售价是否符合价格政策。

（3）抽取本年一定数量的发运凭证，检查存货出库日期、品名、数量等是否与销售发票、销售合同、记账凭证等一致。

（4）抽取本年一定数量的营业收入记账凭证，检查入账日期、品名、数量、单价、金额等是否与销售发票、发运凭证、销售合同等一致。

（5）独立测算主要存货项目的年末可变现净值，将测算结果与甲公司的计算结果进行比较，分析差异原因。

（6）将存货跌价准备本年计提数与资产减值损失相应明细项目的发生额核对是否相符。

（7）获取暂时闲置固定资产的相关证明文件，并观察其实际状况，检查是否已按规定计提折旧。

（8）获取持有待售固定资产的相关证明文件，检查对其预计净残值的调整是否恰当、会计处理是否正确。

（9）查阅资本支出预算、公司相关会议决议等，检查本年增加的在建工程是否全部得到记录。

（10）向相关金融机构函证其他权益工具投资年末数量。

要求：

（1）针对资料一事项（1）～（6），结合资料二，假定不考虑其他条件，逐项判断资料一所列事项是否可能表明存在重大错报风险。如果认为存在，简要说明理由，分别说明该风险属于财务报表层次还是认定层次。如果认为属于认定层次，指出相关事项主要与哪些账户（仅限于：营业收入、营业成本、资产减值损失、存货、其他权益工具投资、在建工程、固定资产、累计折旧和资本公积）的哪些认定相关。

（2）针对资料一事项（1）～（6），结合资料二，假定不考虑其他条件，逐项判断资料三所列实质性程序对发现根据资料一识别的认定层次重大错报是否直接有效。如果直接有效，指出资料三所列实质性程序与资料一的第几个事项的认定层次重大错报风险直接相关，并简要说明理由。

模拟试题（二）参考答案

一、单项选择题

1	2	3	4	5	6	7	8	9	10
D	D	B	D	D	D	D	D	D	A
11	12	13	14	15	16	17	18	19	20
C	C	A	C	D	D	A	A	D	C

二、多项选择题

21	22	23	24	25	26	27	28	29	30
ACD	AC	ABC	AD	ABC	ABC	ABC	BD	ABC	ABCD

三、简答题

31.（1）不违反职业道德守则。甲会计师事务所在接受委托前，应当与前任注册会计师进行沟通，以了解是否存在不应接受委托的理由。

（2）违反职业道德守则。会计师事务所在确定收费时应当主要考虑专业服务所需的知识和技能、所需专业人员的水平和经验、各级别专业人员提供服务所需的时间和提供专业服务所需承担的责任。除法律法规允许外，注册会计师不得以或有收费方式提供鉴证服务，收费与否或收费多少不得以鉴证工作结果或实现特定目的为条件。

（3）违反职业道德守则。甲会计师事务所为两家存在直接竞争关系的客户提供审计服务，可能存在利益冲突，应当同时告知A公司和B公司，并在签约前取得他们的同意。

（4）违反职业道德守则。注册会计师支付业务介绍费，可能对客观和公正原则以及专业胜任能力和勤勉尽责原则产生非常严重的不利影响，导致没有防范措施能够消除不利影响或将其降低至可接受的水平。

（5）违反职业道德守则。职业道德要求注册会计师应当具备和保持专业胜任能力，了解并掌握当前法律、技术和实物的发展变化，如果在缺乏足够的知识、技能和经验的情况下提供专业服务，就构成了一种欺诈。

（6）不违反职业道德守则。在接受注册会计师协会或监管机构的职业质量检查时，注册会计师可以披露涉密信息。

32.（1）对独立性构成不利影响。A注册会计师是审计项目负责人之一，与其在财务部从事会计核算工作的哥哥属于其他近亲属，并且其所处职位能够对鉴证对象产生重大影响。

（2）对独立性构成不利影响。审计项目组成员D注册会计师的主要近亲属从事的工作对年报审计对象的财务报表有直接重大影响。

（3）对独立性构成不利影响。审计项目组负责人B在财务报表涵盖期间担任审计客户的高级管理人员，将产生自我评价导致的不利影响。

（4）对独立性构成不利影响。如果审计客户长期未支付应付的审计费用，尤其是大部分费用在出具下一年度审计报告之前仍未支付，可能产生自身利益导致的不利影响。

（5）不对独立性构成不利影响。向客户提供政策选用和会计处理建议的调整，协助客户解决相关账户的调整问题，均属于审计业务应提供的常规工作。

33.（1）在制订计划时，注册会计师应使用被认为对任何一张财务报表都重要的最小的错报总体水平，所以应选择1 500 000元作为所有财务报表的计划重要性水平，即财务报表层次的重要性水平。

（2）在计划审计工作时，注册会计师应当考虑导致财务报表发生重大错报的原因。注册会计师应当在了解被审计单位及其环境的基础上确定重要性，并随着审计过程的推进，通过计划阶段确定的重要性水平，评估出注册会计师可接受的审计风险及需要获取的审计证据的数量。注册会计师应当对各类交易、账户余额及其列报认定层次的重要性进行评估，以有助于进一步确定审计程序的性质、时间和范围，将审计风险降至可接受的低水平。在评价审计程序结果时，注册会计师确定的重要性和审计风险，可能与计划审计工作时评估的重要性和审计风险存在差异。在这种情况下，注册会计师应当重新确定重要性和审计风险，并考虑实施的审计程序是否充分。

（3）重要性与审计风险之间存在反向关系。重要性水平越高，审计风险越低；重要性水平越低，审计风险越高。注册会计师在确定审计程序的性质、时间和范围时应当考虑这种反向关系。

（4）此时注册会计师修正的这一重要性水平1 000 000元，比原先确定的1 500 000元低，审计风险将增加。注册会计师应当选用下列方法将审计风险降至可接受的低水平：①如有可能，通过扩大控制测试范围或实施追加的控制测试，降低评估的重大错报风险，并支持降低后的重大错报风险水平；②通过修改计划实施的实质性程序的性质、时间和范围，降低检查风险。

34.（1）信用审核控制测试总体不完整，不正确。

理由：注册会计师为了获取证据表明甲公司2022年信用审核控制运行有效应当将该公司2022年1月1日至12月31日期间所有开具的销售单作为测试的总体。

（2）A注册会计师关于偏差的定义是正确的。

(3) 直接另选 1 张凭证代替丢失凭证不正确。

理由：使用随机数选样是指总体中的每一项目都有不同的编号为前提的，测试总体中的项目与随机数表中数字的一一对应关系。注册会计师对于丢失的无法进行测试时，应当将其视为控制未得到有效运行直接视其为一个控制偏差。

(4) 因此总体偏差率的最佳估计是正确的。

(5) 对样本结果评价是不正确。大于可容忍偏差率 7%，说明总体不能接受，该项控制运行无效。

35. (1) 审计工作底稿归整期不符合审计准则。

理由：审计工作底稿归档期限是审计报告日后 60 天内，ABC 会计师事务所至少应当在 4 月 15 日前归档。

(2) 审计工作底稿归整期后的变动不符合审计准则。

理由：A 注册会计师在 2023 年 5 月 20 日意识到甲公司存在舞弊行为属于"例外事项实施新的或追加的审计程序"导致修改底稿的情形。A 注册会计师应当记录以下内容：①修改或增加审计工作底稿的时间和人员，以及复核的时间和人员；②修改或增加审计工作底稿的具体理由；③修改或增加审计工作底稿对审计结论产生的影响。

(3) ABC 会计师事务所销毁甲公司审计工作底稿严重违背审计准则要求。

理由：①会计师事务所应当自审计报告日起，对审计工作底稿至少保存 10 年；②注册会计师不得在规定的保存期届满前删除或废弃审计工作底稿。

ABC 会计师事务所应当对审计工作底稿实施的控制程序包括：

① 安全保管业务工作底稿并对业务工作底稿保密。

② 保证业务工作底稿的完整性。

③ 设计和实施控制便于使用和检索业务工作底稿。

④ 按照规定的期限保存业务工作底稿。

36. (1) "事务所任命实习生己作为项目质量复核负责人"不妥当。项目质量复核负责人应当具备履行职责需要的技术资格，包括必要的经验和权限，且能够在不损害其客观性的前提下，提供业务咨询的程度。

(2) 戊注册会计师参与项目质量复核不妥当。会计师事务所应当挑选不参与该业务的人员参与复核。

(3) 项目质量复核的时间不正确。应该在出具审计报告前来进行项目质量复核。预计的完成审计工作时间是 3 月 1 日，但是复核的时间却是在 3 月 1 日之后。

(4) 复核范围不正确。缺少"拟出具的审计报告的适当性"，这八项是项目质量控制复核范围的最低要求。

(5) "选取项目组作出的所有工作底稿进行复核"不妥当。通常，选取与项目组作出重大判断及形成结论有关的工作底稿进行复核，而不是选取所有的。

四、综合题

37.（1）

存在重大错报风险的相关认定

资料一所列事项序号	是否可能表明存在重大错报风险（是/否）	理由	重大错报风险属于财务报表层次还是认定层次（财务报表层次/认定层次）	账户及相关认定
(1)	是	2022年10月起，受国际贸易环境的影响，甲公司的出口订单数量和销售收入均出现较大幅度减少，但甲公司仍然完成了营业收入和毛利的经营目标，而且，2022年的毛利率为11.24%，2032年的毛利率12.91%，2022年毛利率与2021年应当至少相差7%而不是接近	认定层次	营业收入：发生，截止，准确性；应收账款：存在，准确性、计价和分摊
(2)	是	甲公司于2022年9月至10月进行了大量的采购，但是在于2022年10月之后，相关原材料的价格继续下跌，很可能会导致该存货的价值下降，面临减值，但是甲公司已计提的减值准备与上年接近	认定层次	存货：准确性、计价和分摊；资产减值损失：完整性
(3)	是	受宏观经济的影响，X生产线拟生产的产品市场前景不佳，甲公司董事会决定暂不启动X生产线的建设，该生产线很可能会面临减值，但甲公司并未对该生产线计提减值准备；同时，在建工程因安全事故非正常原因间断超过6个月，应暂停借款费用资本化，应当增加财务费用减少借款资本化金额35万元（1 000×7%×50%），存在多记借款资本化金额的风险	认定层次	在建工程：准确性、计价和分摊；财务费用：完整性；资产减值损失：完整性
(4)	是	甲公司于2022年12月，转让了一批账面价值为98万元的设备，但资料显示甲公司计提减值65万元小于83万元，存在计提固定资产减值不足的错报风险；同时，没有证据表明甲公司可以冲回已经计提减值的固定资产减值，存在冲回减值少计减值70万元的错报风险	认定层次	固定资产：准确性、计价和分摊；资产减值损失：完整性，准确性、计价和分摊
(5)	是	甲公司所持有的乙公司股票，股价大幅下跌，从每股12元跌至每股2元，但是甲公司并未计提相应的减值准备	认定层次	可供出售金融资产：准确性、计价和分摊；资产减值损失：完整性
(6)	是	大额贷款到期导致很难取得维持日常经营所需资金	财务报表层次	

(2)

存在重大错报风险的相关认定

资料三所列实质性程序序号	资料三所列实质性程序对发现根据资料一识别的认定层次重大错报是否直接有效（是/否）	与资料一的第几个事项的认定层次重大错报风险直接相关	理由
(1)	是	(1)	资料一的（1）存在甲公司虚构或提前确认营业收入的情况，而资料三的实质性程序（1）通过毛利率分析可以查出该异常情形
(2)	是	(1)	资料三的（2）可以证实资料一的（1）的销售价格是否是准确的，因为该主要产品的平均销售价格下降了约7%，但是，甲公司仍完成了销售目标，其已经入账销售价格可能高出实际价格
(3)	是	(1)	检查存货出库日期、品名、数量等是否与销售发票、销售合同、记账凭证等一致可以查出虚假销售
(4)	是	(1)	资料一的（1）是影响营业收入的发生，担心甲公司有虚构的收入，该实质性审计程序（4）是逆查，是可以查出营业收入的发生、应收账款的存在的
(5)	是	(2)	该实质性程序是计提减值准备的重新计算程序，是可以测试出甲公司是否少计提存货跌价损失
(6)	是	(2)	通过核对，如果发现计入相应的减值损失的金额与计入该存货跌价准备的金额是不一致的，也是可以查出甲公司是否少计减值准备的
(7)	否		
(8)	是	(4)	通过实施该实质性程序可以获取证据证明已计提减值是否充分
(9)	否		
(10)	否		